Rudi Anschober

# BESSER ESSEN

Wie „grüne" Küche,
Flexitarier & Co mit Genuss
die Welt verändern

Fotografiert von
Julia Grandegger

**Mit über
100
großteils
vegetarischen
Rezepten**

**styria** regional

BESSER ESSEN

## WAS BRAUCHT ES FÜR „BESSER ESSEN"?

— **Mit Gastbeiträgen\* von**

\* Alle Originalfassungen der Interviews auf
www.anschober.at

# INHALT

# EINLEITUNG

**D**ieses Buch soll Sie, geschätzte Leserin, werter Leser, verführen. Verführen zu einer neuen Kultur des Essens. Verführen zu „Besser Essen". „Besser Essen" heißt im Sinne dieses Buches: wieder wissen, was wir essen, spüren, was uns guttut, wieder selbst kochen. Eine neue Esskultur schaffen. Mit Genuss und Bewusstsein Verantwortung übernehmen. Etwa erkennen, dass weniger Fleisch uns allen guttut, dass Essen ohne Fleisch wunderbar schmeckt. Deshalb setzt der Großteil der 124 Rezepte in diesem Buch auf Kochen ohne Fleisch.

Dieses Buch will aber auch Wissen vermitteln: Wie können wir selbst kochen, wie selbst Gemüse ziehen, selbst einkochen und lagern? Wo können wir sparen und wo können wir mehr Informationen erhalten? Wie können wir mit „achtsamem Konsum" unsere Region, die Vielfalt der Geschmäcker und unsere Unabhängigkeit stärken und dem Einheitsessen der globalen Multis entgehen und damit Positives für unsere Gesundheit bewirken? Dieses Buch zeigt, wie uns die globale Essensindustrie manipuliert und um den Geschmack bringen will und vielfach auf Kosten unserer Gesundheit Unsummen verdient.

Dieses Buch gibt aber vor allem Antworten. Vor allem, welche politischen Entscheidungen – von Konsumenten und Regierungen – erforderlich sind, damit es in den nächsten Jahren schrittweise zur Ernährungswende weg von Allmacht und Einheitsgeschmack der globalen

Lebensmittelindustrie hin zu kleinen, fairen Strukturen, zu Vielfalt, Wahlfreiheit und Qualität kommt, so wie dies Millionen Bürgerinnen und Bürger längst einfordern und immer stärker auch leben. Mit diesem Buch will ich einen Beitrag dazu leisten, dass wir den sichtbaren Gipfel dieser Idiotie der Entfremdung von unserem Essen, die Verschwendung und Vernichtung von beinahe der Hälfte der erzeugten Lebensmittel, in die Hand nehmen und verändern.

Jedes Mahl eine bewusste Entscheidung. Die Welt mit Genuss verändern – dafür ist dieses Buch ein Appetitanreger. Daher habe ich 21 Expertinnen und Experten dafür gewonnen, uns ihren Weg zu „Besser Essen" zu zeigen und diesem Buch ein Lieblingsrezept zur Verfügung zu stellen.

Im Durchschnitt 105.000 Mal essen wir in unserem Leben. 30.000 Kilogramm Lebensmittel nehmen wir dabei zu uns. Was kann wichtiger sein als „Besser Essen"? Deshalb ist dieses Buch vor allem eines: eine Hymne auf Vielfalt und Selbstbestimmung, Achtsamkeit und Verantwortungsbewusstsein – und vor allem auf das Wichtigste: SELBST ZU KOCHEN.

Probieren Sie es! Finden Sie Ihren eigenen Weg. Und vor allem: Lassen Sie es sich schmecken!

Ihr

**Rudi Anschober**
Landesrat für Umwelt, Energie, Wasser
und KonsumentInnenschutz in Oberösterreich

**Kontakt und mehr zu „Besser Essen":**

- **www.anschober.at**
- **www.fleischfrei-tag.at**

# 10 TIPPS FÜR „BESSER KOCHEN"

———

1. Nehmen Sie sich Zeit fürs Kochen.

2. Kaufen Sie möglichst frische Lebensmittel, möglichst wenig verarbeitet.

3. Wählen Sie regionale und saisonale Bio-Produkte aus und achten Sie auf fairen Handel.

4. Lassen Sie den Lebensmitteln Zeit, ihr Aroma zu entfalten. Köcheln Sie etwa eine Zwiebel immer 10 Minuten oder noch viel länger.

5. Wichtig sind nicht die Details des Rezepts, sondern Ihr eigener Geschmack. Machen Sie das Kochen zum Fest für Ihre Sinne.

6. Trauen Sie sich etwas, seien Sie kreativ. Warum nicht einmal Vanille in die Knoblauchsuppe?

7. Verringern Sie Ihren Fleischkonsum. Und wenn Fleisch, dann Tiere, die selbst gut gelebt haben. Gemüse ist der neue Star der Küche.

8. Lernen Sie, wo immer möglich, die Produzenten Ihrer Lebensmittel kennen.

9. Kochen Sie für Freunde, miteinander zu essen macht mehr Spaß.

10. Gehen Sie von Zeit zu Zeit in Restaurants mit kreativer Küche essen – das gibt neue Inspiration.

# WAS BRAUCHT ES FÜR „BESSER ESSEN"?
## — Carlo Petrini

© Archiv „Slow Food"

Carlo Petrini ist der Gründer der Initiative *Slow Food*.

**1 Was glauben Sie, läuft derzeit schief mit unserer Ernährung?**

Ich denke, das größte Problem in unserer Beziehung zum Essen ist, dass wir kaum etwas darüber wissen. Mit dem heutigen Lebensstil betrachten wir Nahrung immer mehr als einfachen „Brennstoff" für den Körper. Wir haben jegliche Beziehung zu unserer Ernährung verloren, kennen keine Rohstoffe mehr und lassen sie von der Industrie für unseren gedankenlosen Konsum manipulieren. Wir verlieren jegliches Wissen über natürliche Produkte – auf Kosten unserer Gesundheit ... und nicht *nur* unserer Gesundheit!

**2 Was denken Sie, ist notwendig für „Besseres Essen" im Sinne von besserer Ernährung?**

Ich habe gelernt, in Essen mehr als nur „Nahrung" zu sehen. Essen enthält ein Wertesystem, das über die Nährstoffe hinausgeht. Und jeder dieser Werte trägt zum Wohlbefinden einer Person bei. Wie wir wissen, stammt unser Wohlbefinden nicht alleine von körperlicher Gesundheit. Ich bin überzeugt, dass „Besser Essen" auch heißt, die Erde zu pflegen, die die Rohstoffe hervorbringt, und traditionelle und rituelle Verarbeitungsmethoden zu berücksichtigen. „Besser Essen" heißt auch, Geschmäcker hervorzuheben, anstatt sie zu überwürzen.

**Wie versuchen Sie, das zu leben?**

Durch meine Arbeit und meine Reisen kann ich mich selbst auch nicht immer ausgewogen ernähren. Aber trotzdem ist es mir möglich, darauf zu achten, was ich esse. Auch auf Reisen ist es möglich, sich bewusst zu ernähren: Mit ein bisschen Geduld finden sich überall Gastwirte, Streetfood-Verkäufer oder Märkte, die gesundes und gutes Essen bieten.

**Was wünschen Sie sich in diesem Zusammenhang von der Politik?**

Die Wahl der Lebensmittel ist ein politischer Akt, den jeder von uns drei Mal am Tag vollbringt. So können wir alle mit der bewussten Auswahl von Nahrung die Ernährungspolitik in unserem Land beeinflussen. Sicherlich würde ernährungspolitische Bildung dazu beitragen, den „Besser-Essen"-Ansatz bewusst für sich selbst zu finden und zu gestalten. Ernährungserziehung braucht aber sicher einen ganzheitlichen Ansatz, bei dem es nicht nur darum geht Nährwerte zu berechnen. Vielmehr muss der Blick auf die gesamte Produktionskette gelenkt werden: vom Acker mit der dazugehörigen Agrarpolitik, über die Vertriebsmöglichkeiten mit ihren Widersprüchen bis hin zur Zubereitung der Gerichte, und wie sie auf den Esstisch und schließlich in unseren Körper gelangen.

# WAS BRAUCHT ES FÜR „BESSER ESSEN"?
## — Sarah Wiener

© Christian Kaufmann

Sarah Wiener betreibt Restaurants in Berlin, ist Autorin mehrerer Kochbücher und Moderatorin von TV-Shows zu den Themen Genuss und Kochen.

**1 Was läuft derzeit schief bei unserer Ernährung?**

Immer mehr Menschen haben immer weniger Ahnung von Ernährung. Wir wissen immer weniger, wie unsere Lebensmittel entstehen und hergestellt werden. Kaum jemand baut noch Gemüse an oder hält im Garten ein paar Hühner. Die meisten Leute haben ja noch nicht einmal Küchenkräuter im Topf zu Hause. Sehr viele sind nicht in der Lage, aus frischen Zutaten selbst eine einfache Mahlzeit zuzubereiten. Also können sie oft nicht mehr selbst bestimmen, was sie essen. Zudem sind viele mit ihrem Alltag überfordert. Sie sind auf Fertigprodukte angewiesen, die ihnen die Nahrungsmittelindustrie auftischt. Das fängt schon auf dem Acker an: Ein gesunder Boden nährt gesunde Pflanzen, die dann im Normalfall von gesunden Tieren gefressen werden sollten und können. Unser Nahrungsmittelsystem zwingt zu industrieller Landwirtschaft, Monokulturen, Gifteinsätzen, Kunstdünger und Vernichtung von Ressourcen. Wir essen global gehandelte, normierte, sterilisierte, gefärbte und angereicherte, stark verarbeitete Kunstnahrung. Wir können kein natürliches Geschmacksgedächtnis anlegen und Sehnsucht nach unseren eigenen regionalen kulturellen Erfahrungen entwickeln. Wir entfernen uns immer mehr von einer ursprünglichen, natürlichen Ernährung. Wir werden fremdgefüttert. Das ist weder für uns gesund noch für die Umwelt und die Vielfalt der Samen und Arten.

### 2 Was ist notwendig für „Besser Essen"?

Geschmack fängt beim ersten Schluck Milch an. Kinder sollten erste Kocherfahrungen spätestens in der Volksschule oder am besten schon im Kindergarten sammeln dürfen. Geschmack und Ernährungsgewohnheiten bilden sich schon sehr früh aus. Leider kochen viele Familien immer weniger selbst. Kinder und Jugendliche müssen ein Bewusstsein für ihren eigenen Körper entwickeln. Dazu gehört natürlich auch das Wissen um das, was ich esse. Sie brauchen das Wissen und die Fertigkeiten, um sich selbstbestimmt und bewusst ernähren zu können.

### 3 Wie versuchst du, das zu leben?

Zuallererst dadurch, dass ich selber und mit frischen ökologischen Grundnahrungsmitteln koche. Das ist nicht nur Arbeit, sondern vielmehr Spaß und Freude und die Möglichkeit kreativ zu sein.
Ich habe auch 2007 eine Stiftung gegründet, um Kindern das Kochen beizubringen. Kinder lernen ja am besten durch eigenes Tun. Deshalb ist Kochen ideal, um ihnen etwas über Ernährung beizubringen. Um Nachhaltigkeit zu gewährleisten, bilden wir Lehrer und Erzieher als Genussbotschafter aus, die dann mit

den Kindern in ihren Kindergärten und Schulen kochen. Zusätzlich ermöglichen wir den Teilnehmern der Kochkurse eine Fahrt zu einem Bauernhof. In meinen Unternehmen wirke ich darauf hin, so ökologisch verantwortlich wie möglich zu handeln. Das fängt beim Recyclingpapier und Energiesparen an und hört bei den Lebensmitteln, die wir für unsere Produkte verwenden, noch lange nicht auf. Ich mache auch in der Öffentlichkeit den Mund auf und erkläre jedem, der mir zuhört, was in unserer Landwirtschaft und Lebensmittelindustrie verkehrt läuft. Darüber hinaus unterstütze ich andere Organisationen wie „Save Our Soils" oder den „Tierzuchtfonds der Zukunftsstiftung Landwirtschaft".

### 4 Was wünschst du dir diesbezüglich von der Politik?

Am wichtigsten wären mir zwei Sachen:
• Eine Umkehr in der Landwirtschaftspolitik hin zu regionalem, ökologisch verantwortungsvollem Wirtschaften, bodengebundener Nutztierhaltung, einer Stärkung der kleinbäuerlichen Agrarwirtschaft, der Biodiversität und mehr Samen und Bodenschutz.
• Koch- und Ernährungsbildung in den Lehrplänen unserer Schulen und Curricula der Kindergärten verankern. Ein Werbeverbot für Kindernahrungsmittel und unabhängige Forschung für Lebensmittelqualität wäre auch wünschenswert.
Je länger ich nachdenke, desto mehr fällt mir ein. Ich sage nur: Genorganismen, Hybridsorten, Subventionen für eine Agrarindustrie, die die Natur und die Vielfalt zerstört, Grundwasserverschmutzung, Klimaschutz ...
Ach ja, und Rohmilch von gehörnten Rindern würde ich auch so gern wieder trinken! Es ist viel zu tun. Wir sollten bald damit anfangen.

# SELBER KOCHEN IST DER ERSTE SCHRITT ZUM „BESSER ESSEN"

Einhundertfünftausend Mal tun wir es im Lauf unseres Lebens. Es gibt ganz offensichtlich nichts Wichtigeres für uns als zu essen. Und nichts beeinflusst unseren Körper, unsere Gesundheit, unser ganzes Leben, unsere Gesellschaft so stark wie unsere Ernährung. 30.000 Kilogramm Lebensmittel nehmen wir durchschnittlich im Laufe unseres Lebens zu uns. Wir wissen: Schlechtes Essen macht uns krank, macht die Natur, die Wirtschaft, unseren Körper krank. Und dennoch betreiben wir immer wieder eine tägliche Blindverkostung, haben beim Verzehr eines Gutteils des Industrieessens der großen internationalen Lebensmittelmultis keine Ahnung, was wir da gerade unserem Körper zuführen und zumuten. Wer würde so unachtsam mit seinem Auto umgehen und irgendetwas tanken, den Tank einfach irgendwie mit irgendwas füllen? Das machen wir nicht, weil es unser Auto kaputt machen würde. Alleine bei unserem eigenen Körper haben wir vielfach das Gefühl verloren, was uns guttut. Industrieessen wird heute zunehmend als wesentliche Ursache für ernährungs(mit)bedingte Erkrankungen wie Diabetes, Übergewicht, Herz-Kreislauf-Erkrankungen gesehen. Neben Unmengen von Salz, Zucker, Fett und Hunderttausenden Tonnen meist künstlicher Aromastoffe, mit denen uns die Essens-Multis in Europa um den Geschmack bringen wollen, sorgen 30.000 Tonnen Pestizide jedes Jahr auf Europas Feldern dafür, dass die Essensindustrie floriert. Über 80 % des Zuckers, den wir täglich in vielfach zu hohen Dosen zu uns nehmen, stammen aus Fertigprodukten. Richtig selbst zu kochen ist die einzige Alternative zum „Kochen mit der Schere". „Die Spur jener chronischen Krankheiten, die heute die meisten von uns umbringen, lässt sich direkt auf die Industrialisierung unserer Nahrung zurückführen:

Aufzuzählen sind die Zunahme von stark bearbeiteten Nahrungsmitteln und Auszugsmehlen, die Verwendung chemischer Substanzen bei der Aufzucht von Pflanzen und Tieren in riesigen Monokulturen, die Überfülle billiger Kalorien aus Zucker und Fett ... und die Verminderung der biologischen Vielfalt in der menschlichen Kost", formuliert US-Autor Michael Pollan. So sieht die Wirklichkeit unseres Essens heute aus: Zwar lieben wir TV-Kochshows, Kochbücher und tolle Küchen, aber die Praxis des tatsächlich selber Kochens – und nicht einfach das Aufwärmen von Tiefkühlfertigkost – nimmt seit Jahrzehnten ab. Wir sitzen staunend vor dem Fernsehgerät und bewundern die Kochkünstlerinnen und Kochkünstler – und vertilgen dazu Chips oder ein schnell aufgetautes Irgendwas von irgendwoher. Und so geben fast die Hälfte der Befragten in großen Ernährungsumfragen in Europa auch an, nicht ohne Fertigprodukte auszukommen. Wie zum Beispiel die Tiefkühlpizza, deren Zutaten oft aus Massenproduktion kommen und über deren Herkunft wir meist nichts wissen – eine echte „Pizza globale". Weltweit ist der Konsum von Fertiglebensmitteln im letzten Jahrzehnt um 92 Prozent gestiegen, 2.200 Milliarden Dollar werden damit jährlich umgesetzt. Häufig enthalten diese Gerichte Billigstrohstoffe, die über Tausende Kilometer zusammengekarrt wurden. Die Verarbeitungsstufen nehmen zu, denn je mehr ein Lebensmittel verarbeitet wird, desto mehr Geld wirft es ab. Und die Konsumentinnen und Konsumenten haben vielfach keine Chance zu erkennen, was in diesen Fertigprodukten enthalten ist, unter welchen Bedingungen sie erzeugt wurden, von wo die einzelnen Bestandteile stammen. Mahlzeit!
Die Essensmultis wachsen in ihren Umsätzen und ihren Betriebsgrößen immer mehr: Die

dreißig größten Lebensmittelkonzerne von Cargill über Nestlé bis Heinz machen pro Jahr einen Umsatz von über 800 Milliarden Euro. „Wir kaufen, handeln, transportieren, verarbeiten, verfeinern und würzen alles, was Sie essen, rund um die Uhr. Wir sind das Mehl in Ihrem Brot und Ihren Nudeln, der Mais in Ihren Tortillas, die Schokolade in Ihrem Dessert", heißt es in einer Firmenbroschüre des Lebensmittel-Multis Cargill, der über 100 Milliarden Euro pro Jahr umsetzt. Immer stärker werden Grundprodukte durch Surrogate, Kunststoffe und Kunstaromen ersetzt, immer stärker wachsen Umsätze, Gewinne und Marktallmacht. Diese Dominanz bestimmt die niedrigen Preise für Bäuerinnen und Bauern, die Hungerlöhne für viele Landarbeiterinnen und Landarbeiter, die wachsenden Größen der industriellen Massentierhaltung und verschärft den Druck auf kleine, regionale Produzenten. Möglich wurde dies durch mangelhafte Kennzeichnung, politische Fehlentscheidungen im Weltagrarhandel, einen einzigartigen Werbedruck und durch die wachsende Entfremdung vieler Millionen Konsumentinnen und Konsumenten von Essen, Kochen und Lebensmitteln.

Kochbücher, Kochsendungen und teure Küchen boomen. Wir haben also die Sehnsucht zu kochen, aber die Wirklichkeit sieht ganz anders aus. In Deutschland hat sich in zwanzig Jahren die verkaufte Menge an Tiefkühlkost verdreifacht. In Österreich geht der Trend in dieselbe Richtung: weil uns das Wissen fehlt, weil uns scheinbar die Zeit fehlt, weil wir der Werbung der Lebensmittelindustrie erliegen? Oder lassen wir uns im Interesse unserer Bequemlichkeit nicht doch recht gerne täuschen? Wer glaubt denn ernsthaft, dass die in der heilen Werbewelt gezeigten glücklichen Schweine und Hühner samt glücklicher Bäuerinnen und Bauern mit einem Aktionskilopreis für Faschiertes vereinbar sind, der dem Preis von zwei Stunden Parken entspricht?

## Die beiden entscheidenden Fragen lauten daher: Wie wollen wir leben? Was wollen wir essen?

Desinformation und Unwissenheit beginnen sehr früh: Viele Schülerinnen und Schüler haben bei den Geschmackschulen von „Slow Food" in Oberösterreich keine Ahnung, wie das Gemüse heißt, das sie ertasten, beriechen, begutachten und schneiden.

Die Konsumentenschutzorganisation „Foodwatch" (www.foodwatch.de) testete 1.514 Produkte, die sich gezielt an Kinder richten, indem sie etwa die Aufschrift „für Kids" tragen oder mit Comicfiguren oder Spielzeugbeigaben um die Aufmerksamkeit der Zielgruppe werben. Nur 12,1 Prozent der Erzeugnisse gehören zur Kategorie der Lebensmittel, die reichlich verzehrt werden sollten. „Kinder werden auf ungesundes Junkfood programmiert, denn mit Obst und Gemüse lässt sich nur wenig Profit machen – mit Junkfood und Softdrinks schon mehr", so „Foodwatch". Im Jugendalter werden Geschmäcker manipuliert und programmiert. Aber die Veränderung beginnt. Immer mehr Menschen sagen heute wieder: Ich möchte wissen, was ich esse. Ich möchte fühlen, was mir guttut. Meine Freiheit heißt Wahlfreiheit. Und die beginnt bei Wissen, Transparenz und Vielfalt im Angebot. Um dies zu erreichen, gibt es einige wichtige Schritte.

## Der erste und wichtigste Schritt lautet: selber Kochen lernen

Selbst zu kochen ist nicht schwer und ein vielfacher Gewinn. Kochen bringt eine neue Beziehung zum Essen, zu Lebensmitteln und zum eigenen Körper, der eigenen Gesundheit.

Selber Kochen ist ein Schritt hin zu Genuss und bewusstem Konsum und kann damit auch ein großer Beitrag für Klimaschutz und mehr Gerechtigkeit sein. Selbst kochen hilft sparen, ist gelebte Kreativität und Sinnlichkeit und ein großer Gewinn für den eigenen Genuss.

Kochen heißt Erfolg und Misserfolg, Scheitern und Jubeln: Vielfalt erleben – die Vielfalt der Natur und des Lebens. Die eigenen Sinne wieder nützen. Kochen ist Entspannung und Kochen bewirkt Achtsamkeit. Natürlich bedeutet Kochen für viele im Alltagsstress oder am „Arbeitsplatz Küche" auch Belastung und Zeitdruck. Privat am Wochenende oder am freien Abend ist es aber die Chance auf Entschleunigung und Abenteuer zugleich.

Bei Kochen und Konsum geht es nicht um ein einziges, bestes Konzept. Es gibt nur einen richtigen Weg: den einer bewussten selbstständigen Entscheidung für die Art der Ernährung, die mir schmeckt, die mir guttut und die ich verantworten kann.

Ich lebe derzeit als Flexitarier (siehe www.fleischfrei-tag.at). Dies sind Konsumentinnen und Konsumenten, die ihren Fleischkonsum schrittweise deutlich verringern und dann, wenn sie Fleisch essen, bewusst und konsequent auf Fleisch aus industrieller Massentierhaltung verzichten. Viele entscheiden sich dafür, Vegetarier zu sein und völlig auf den Konsum von Fleisch zu verzichten. In Deutschland sind es bereits sieben Millionen Menschen. Immer mehr Menschen ernähren sich auch vegan: Sie vermeiden auch alle tierischen Produkte wie Milch und Eier. In Deutschland sind das bereits 800.000 Personen! Auch in Österreich leben laut Umfragen bereits über 700.000 Menschen vegetarisch oder vegan. Und es werden immer mehr.

Zahlreiche Konsumentinnen und Konsumenten setzen konsequent auf regionale, oft sogar lokale Produkte – wir nennen sie „Locavores". Und mehr und mehr Menschen bevorzugen saisonale, biologische, regionale und fair gehandelte Lebensmittel.

Jedes Verhalten hat Konsequenzen. In diesem Buch werden sie aufgezeigt. Aber es geht nicht um Verzicht, es geht um Genuss und um Eigenverantwortung. Dies muss bereits in den Schulen gelehrt werden: etwa in einem neu zu schaffenden Unterrichtsfach „Esskultur", das Jugendliche in den Pflichtschulen fit macht für den Alltag, in dem Kochen gelernt wird, in dem die Schulgemüsegärten bepflanzt und gepflegt werden, in dem gelehrt wird, wie mündige Konsumentinnen und Konsumenten handeln und ihre Macht nützen können.

Kochen nach eigenen Prinzipien, das ist Unabhängigkeit und Selbstbestimmung, aber auch eine neue Achtsamkeit. Dazu gehört der bewusste Einkauf, das Wissen über die Folgen der Kaufentscheidungen und das Sich-Zeit-Nehmen. Kochen ist Sinnlichkeit, meist auch ein Miteinander. Kochen für die Partnerin oder den Partner, Kochen für Freundinnen und Freunde, ein Türöffner für neue soziale Ideen: So entstehen Kochgruppen und Kochkurse, Initiativen wie der „Restaurant Day" – ein Festtag des Essens, an dem jeder für einen Tag ein Restaurant eröffnen kann (www.restaurantday.org) –, oder die Initiative „Eat with me" (www.eatwithme.net), ein Netzwerk, das die Liebhaberinnnen und Liebhaber des Kochens und Essens zusammenbringt. Ein neuer Aufbruch gelingt, eine neue globale Bürgerbewegung entsteht. Immer mehr Menschen sagen: „Es reicht, wir haben es satt, alles zu schlucken, was ihr uns vorsetzt. Wir lassen uns nicht länger abspeisen!"

Kochen ist der erste Schritt für diesen Neubeginn, Transparenz und Wissen der zweite! Machen Sie mit, lassen Sie sich nicht länger von der Essensindustrie abfüttern, werden Sie selbstständig!

# SO KOCHE ICH

**S**eit einigen Jahren koche ich leidenschaftlich gerne. Ich nehme ein Rezept in einer Zeitschrift, einem Kochbuch, einem Restaurant wahr, schreibe es mir auf und koche es nach, experimentiere damit weiter. Ich sehe Rezepte als Rahmen, als Ausgangspunkt für kreatives Feilen an Geschmäckern. Am Ende dieses Buches finden Sie eine ganze Reihe von Empfehlungen. In diesen Kochbüchern und den Zeitschriften und Zeitungen, die das Kochen positiv bewerben, habe ich oft erste Ideen gefunden und diese mehr oder weniger weiterentwickelt. Genauso sehe ich die Rezepte in diesem Buch: Sie sind nicht Gesetz, sondern Ideengeber, Impulslieferanten, Motivation, Informationsgeber, Ausgangspunkt einer kreativen Schöpfung und vor allem eine Einladung, es selbst zu tun. Es zu probieren, Erfolg zu haben, einmal zu scheitern, beim nächsten Mal erfolgreich mit einer neuen Idee einen neuen Geschmackston zu kreieren. Star in meiner Küche ist das Gemüse. Es bringt wunderbaren Geschmack und Genuss – aber auch Gesundheit. Sieben Mal täglich Gemüse und Obst zu essen reduziert das Krebsrisiko laut einer Studie der Universität London um 25 Prozent.

Viele der Rezepte sind ein Lob auf die Einfachheit. Weniger essen und dafür mit mehr Genuss. Weniger komplexe Rezepte und dafür mehr Geschmack. Möglichst wenige Verarbeitungsstufen. Oft liegt die Kraft dieser Rezepte in ihrer Geradlinigkeit, die die Qualität der Lebensmittel und ihren wunderbaren Geschmack erst so richtig zur Geltung bringt. Und die für jede und jeden einfach nachzukochen sind. Deshalb gebe ich bei den Gewürzen oft auch keine ganz präzisen Mengenangaben vor. Denn Ihr persönlicher Geschmack entscheidet. Ich etwa schätze zwar braunen Zucker als Geschmacksverstärker, versuche aber dennoch, seinen Einsatz wo immer möglich zu minimieren. Bei Kräutern setze ich ganz auf die Jahreszeiten: Anstatt zwanghaft für ein bestimmtes Rezept eine bestimmte Kräutersorte zu suchen, verwende ich meist eine Mischung jener Kräuter, die bei mir im Garten oder beim Küchenfenster im Augenblick gerade vorhanden sind. Der schöne Effekt: Geschmacklich entwickelt sich damit eine bestimmte Speise im Lauf der Jahreszeiten und zusätzlich lernt man nach einiger Zeit, wie die Jahreszeiten schmecken und wie durch die Zusammensetzung der Mischung zusätzliche geschmackliche Schwerpunkte geschaffen werden. Wichtig ist nur eins: Die Kräuter müssen frisch sein!

Und noch wichtiger als einzelne Details der Rezepte ist für mich mein Zugang zu Lebensmitteln: Ich kaufe wo immer möglich regionale Biolebensmittel, versuche kleine Strukturen zu bevorzugen und zu unterstützen und habe Respekt vor Lebensmitteln, ihrer Schönheit, ihrem Geschmack, ihrer Wirkung auf unsere Gesundheit. Dem Wunder Natur und der Arbeit jener, die sie achtsam erzeugen. Wo immer möglich, gilt als Grundprinzip für die Erzeugung der Lebensmittel ihre Regionalität. Küche, Einflüsse, Vielfalt sind ganz im Gegensatz dazu international bestimmt. Ich schätze traditionelle Küche, aber guter Geschmack hat keine Grenzen. Und Neugierde auf Neues erst recht nicht. Ich blicke über den Tellerrand.

Zwei wichtige Bestandteile der meisten Rezepte sind Öl und Mehl. Hier bevorzuge ich regionales Bio-Rapsöl, zur Abwechslung auch Leinöl oder Distelöl, aber auch wirklich gutes Bio-Olivenöl. Beim Mehl greife ich zu regionalem Bio-Dinkelmehl, meist Vollkornmehl. Bei Zucker schließlich meide ich weißen Industriezucker und greife meist zu fair gehandeltem Bio-Rohrzucker. Brauner Zucker gibt dem Essen auch mehr Geschmack.

„Grün" Kochen lässt sich schließlich ganz wesentlich von den Jahreszeiten inspirieren: So wie wir im Sommer automatisch nach leichter Kleidung und im Winter zum Gegenteil greifen, bekommen „grüne" Köche im Sommer Appetit auf Paradeiser, Beeren und Früchte, im Herbst auf Kürbis und Co., im Winter etwa auf Topinambur und im Frühling auf Spargel, Bärlauch, Löwenzahn und vieles mehr. „Grüne Küche" bedient sich auch zunehmend der Vorratskammer vor der Haustür: Viele fast vergessene Wiesenkräuter, Beeren und Gemüsesorten finden sich vor allem im Frühling auf der – ungespritzten – Wiese und am Waldrand. Vieles davon wieder zu nützen, schafft neue Geschmäcker und eine neue Vielfalt.

Es geht beim Kochen ums Ganze! Ein großes Problem unserer westlichen Ernährung ist es, dass immer nur einige wenige bestimmte Stücke vom Rind oder Huhn gefragt sind, Teile von Fisch und Gemüse sofort in den Abfall wandern. Es ist wichtig, Lebensmittel als Ganzes zu sehen und zu kochen: Etwa das ganze Huhn zu nutzen – also für mehrere Tage und Mahlzeiten zu planen. In einem zweiten Schritt eine gesunde Hühnersuppe zu köcheln. Oder aus nicht verarbeiteten Fischteilen eine Fischsuppe zu zaubern und den Abfall des Gemüses für Gemüsebrühe zu verwenden. Auf Würfel zur Herstellung von Gemüsebrühe verzichte ich weitgehend. Ein wunderbares Rezept für Gemüsebrühe hat Ute Woltron zur Verfügung gestellt, Sie finden es auf Seite 73.

Geriebener Käse hat in vielen meiner Rezepte seinen Platz. Bewusst reduziere ich dies aber nicht auf Parmesan. Auch andere Hartkäsesorten halten bei richtiger Lagerung sehr lange, werden meist mit der Zeit würziger und können genauso wie Parmesan gut verwendet werden, um Lebensmittelverschwendung zu vermeiden.

Wir und das Fleisch: lieber halb so viel und gewusst von wo und dafür mehr Geschmack und Genuss. Der größte Teil der Rezepte in diesem Buch ist wie erwähnt vegetarisch, aber es sind auch einige Rezepte mit regionalem Wild, Fisch und regionalem Biohendl enthalten. In diesem Sinn bin ich also Flexitarier: schrittweise immer weniger Fleisch, ganz sicher aber keines aus industrieller Massentierhaltung. Oder wie US-Autor Michael Pollan es ausdrückt: nur Tiere, die selbst gut gegessen haben. Auch ein altes chinesisches Sprichwort meint: „Es ist besser, etwas zu essen, das auf einem Bein steht (Pflanze), als etwas, das auf zwei Beinen steht (Geflügel). Und dieses ist besser als etwas, das auf vier Beinen steht."

Und zu guter Letzt: Nehmen Sie sich Zeit fürs Kochen. Sehen Sie Kochen am Abend oder am Wochenende nicht als Fortsetzung des Hochgeschwindigkeitsprogramms im Berufsalltag, sondern entspannen Sie sich davor und dabei. Ich mache mit meinem Hund Agur einen kleinen Spaziergang, atme ein paar Minuten durch, höre mir ein schönes Musikstück an, trinke eine Tasse Tee oder ein Glas Wein und dann geht es mit Ruhe, Freude und Konzentration ans schöpferische Werk. Den Lebensmitteln lasse ich bei der Verarbeitung viel Zeit – ein gutes Beispiel dafür ist die Zwiebel: Sie in Butter oder Öl zu köcheln bedeutet möglichst kein zweiminütiges Schnellschnell, sondern ihr zehn bis zwanzig Minuten Zeit zur Entfaltung ihres Aromas zu geben.

Und wenn dann das selbst gekochte Essen am Tisch steht: kurz innehalten, bewusst riechen, die Düfte und Aromen wahrnehmen, Respekt fühlen und zumindest die ersten Bissen ganz langsam genießen. Das ist Glück.

# MEINE BESTEN TEIGE UND MEIN LIEBLINGS- GEMÜSE

Ich konzentriere mich beim Kochen auf einige wenige Teige. Am besten ist es, jeweils einige Teige auf Vorrat im Gefrierschrank zu haben. Ich verzichte beim Teigmachen meist auf den Mixer oder die Küchenmaschine und bearbeite alle Teige mit meinen Händen. Von allen Teigen gibt es viele verschiedene Varianten, hier meine Lieblingsteige für jeweils 4 Portionen.

### Pizzateig

Rezepte für Pizzateige gibt es Hunderte. Hier mein bevorzugter Teig, der dem klassischen italienischen Pizzageschmack am Nächsten kommt:
In einem Viertelliter lauwarmem Wasser 1 Würfel Hefe, je 15 g Salz und Öl sowie eine Prise Zucker aufweichen. Nun 650 g Mehl einarbeiten und den Teig eine Stunde bei Zimmertemperatur zugedeckt rasten lassen und dann nochmals leicht durcharbeiten. Anschließend den Pizzateig zwei Tage im Kühlschrank vor der Weiterverarbeitung ruhen lassen.
Eine einfachere und kurzfristiger umsetzbare Alternative ist: 600 g Mehl mit 1 EL Salz gut mischen und sieben. 1 Würfel Hefe oder 11 g Trockenhefe mit einer Prise Zucker, 3 EL Olivenöl und 500 ml Wasser mischen und 5 Minuten ziehen lassen. Mit Löffel oder Gabel schrittweise das Mehl in die Flüssigkeit einrühren, bis ein schöner Teig entsteht. Unter einem Tuch zwei Stunden an einem warmen Ort rasten lassen.

### Erdäpfelteig

400 g mehlige Erdäpfel kochen, pürieren und kalt werden lassen. 200 g Mehl einarbeiten,

ein Ei und eine Handvoll Grieß, etwas Salz und nach Bedarf schrittweise Wasser beigeben und gut mit der Hand durchkneten. Auf Grieß kann grundsätzlich auch verzichtet werden. In einer veganen Variante statt dem Ei etwas Margarine und 2 EL Sojamehl in Wasser auflösen.

## Nudelteig

Ein Viertelkilo Mehl auf dem Küchenbrett zu einem kleinen Häufchen formen und in der Mitte eine Vertiefung ausheben. Je einen Esslöffel Salz und Wasser, etwas Öl sowie zwei Eier in die Vertiefung geben. Vermischen und daraus einen Teig kneten. Zwei Stunden in Frischhaltefolie eingepackt rasten lassen. Teig hauchdünn auf das Küchenbrett auftragen und nach Wunsch schneiden oder mit der Nudelmaschine weiterverarbeiten.

## Strudelteig

Ein viertel Kilo Mehl, etwas Öl und ein Achtelliter Wasser zu einem Teig verarbeiten und diesen zwei Stunden rasten lassen.

## Mürbteig

300 g Mehl mit einer Prise Salz mischen und mit 150 g gewürfelter Butter verkneten. 80 ml sehr kaltes Wasser beigeben und kurz durchkneten. Daraus einen großen Knödel formen und im Kühlschrank zwei Stunden ruhen lassen. Danach wird der Teig verarbeitet. Er hält aber auch eine Woche im Kühlschrank und einen Monat im Gefrierschrank.

## Mürbteig süß

Wie beim Mürbteig (oben), jedoch am Beginn zu Mehl und Salz noch 100 g braunen Zucker, die Schale einer Zitrone und zur Butter noch ein Eigelb beigeben.

## Blätterteig

Hier verzichte ich auf die Handarbeit und kaufe fertigen Biodinkel-Blätterteig.

# WUNDERBARES GEMÜSE

## Paradeiser, meine großen Favoriten

Rot, gelb oder grün, in unterschiedlichsten Formen und großer Vielfalt, haben alle reifen Bioparadeiser unglaublichen Geschmack, einzigartigen Duft, besonderes Aroma und leuchtende Farben. Paradeiser sind aus meiner Küche nicht wegzudenken. Möglichst frisch gefüllt mit Sonnenenergie sind sie köstlich! Aber ein ausdrückliches Ja auch zu Paradeisermark, getrockneten Paradeisern und wenn es im Winter sein muss, auch zu Dosenparadeisern. Denn diese Köstlichkeit soll rund um das Jahr den Gaumen erfreuen. Deshalb ist ein guter Tipp, zu Zeiten der Paradeiserernte größere Mengen einzukaufen und ein Paradeisersugo für die nächsten Monate vorzukochen:

## Paradeisersugo

**Zutaten für 1 Glas:**

10 große reife Paradeiser

Olivenöl

4 Knoblauchzehen

3 weiße Zwiebeln, gewürfelt

1 großer Rosmarinzweig

Salbei

1 Handvoll gehacktes Basilikum

nach Geschmack ¼ l Rotwein

Paradeiser blanchieren, enthäuten und in kleine Stücke schneiden. Olivenöl im Topf erhitzen, die gepressten Knoblauchzehen gemeinsam mit den klein gewürfelten weißen Zwiebeln hinzufügen und andünsten. Nun die Paradeiserstücke, den Rosmarinzweig und etwas klein gehackten Salbei beigeben, alles mit Salz und Pfeffer abschmecken, nach Bedarf Wasser und/oder Rotwein zufügen und eine knappe Stunde köcheln lassen. Länger kochen schadet auch nicht, ein gutes Paradeisersugo verlangt Entspannung und Zeit. Den Rosmarinzweig entfernen und eine große Handvoll klein gehacktes Basilikum in den Topf geben. Einige Minuten weiterköcheln lassen und gut rühren. Nun entweder noch heiß in ein heiß ausgespültes, großes Weckglas füllen, das nach dem Verschließen eine Minute auf den Kopf gestellt und anschließend einen Tag ins Dunkle gestellt wird – oder aber auskühlen lassen und portionsweise in den Gefrierschrank geben.

## Sellerieknolle

Guter Geruch und ein besonderer Geschmack zeichnen diese alte Gemüsesorte aus, die in unserer Küche lange in Vergessenheit geraten war. Ein wunderbares Gemüse auch für die Wintermonate. Ich liebe sie vor allem in Kombination mit Paradeisern und als Ersatz für Fleisch, etwa bei einer klassischen Piccata.

## Erdäpfel

Wie die Paradeiser ein Nachtschattengewächs, bereits seit 13.000 Jahren genutzt, mit fast 5.000 Sorten einzigartig vielfältig. Auch die Erdäpfel sind leider den Weg Richtung Einheitsgeschmack gegangen: immer weniger Sortenvielfalt, immer weniger verschiedene Geschmäcker, oft nur noch speckig oder mehlig. Diese Fehlentwicklung beginnt sich seit wenigen Jahren wieder zu drehen, die Vielfalt wächst immer stärker, immer öfter werden alte regionale Sorten reaktiviert, auch rosa oder violette Erdäpfel angebaut. Tipp: Möglichst oft mit der Schale verarbeiten.

## Kürbis

Voller Vielfalt – nicht weniger als 90 Gattungen und 900 Sorten voller unterschiedlicher Farben und Formen. In Italien sieht man daher in ihm ein Symbol für die Maßlosigkeit und Launenhaftigkeit der Natur. Aber auch für ihre Stärke: Denn er wächst auch im eigenen Garten und auf schwierigen Böden beharrlich. Im Frühling beim Pflanzen lieber etwas zuwarten, in der Startphase kann er auf Kälte recht empfindlich reagieren. Gut einen Monat später kommen schon die ersten Blüten. Der Kürbis kann in unserer Gemüseküche sehr unterschiedlich verwendet werden: als Beilage, als Mehlspeise, als Hauptspeise. Ich finde ihn gleichsam schön und gut. Und gesund: Der Kürbis wirkt erfrischend, beruhigend, aufbauend und stärkt die Abwehrkräfte. Ganze Kürbisse lassen sich monatelang im kühlen Bereich lagern, wenn die Temperatur nicht unter 8 Grad sinkt. Kürbis harmoniert mit Vielerlei: Paprika, Paradeiser, Fisch, Zucchini, Käse, Sardellen u. v. a. m.

## Zucchini

Sie gehören zur Familie der Kürbisgewächse. Wie der Kürbis lieben auch die Zucchini im Garten Standorte in der Nähe des Kompostplatzes. Eine dankbare Pflanze kann bis zu 20 Stück liefern. Sorgsam ernten, denn ohne Verletzung sind Zucchini einige Wochen in einem kühlen, trockenen Raum lagerbar. Zucchini können gut haltbar gemacht werden: etwa in Essig oder Öl eingelegt oder in dickere Scheiben geschnitten und gedörrt, oder als Chutney.

### Zucchini-Chutney
Je ein viertel Kilo Zucchini und beliebiges Obst, fünf Knoblauchzehen und etwas Chili klein schneiden und nach Geschmack mit Salz, Zucker, Ingwer und 50 ml Essig eine knappe Stunde kochen und in Einweckgläser füllen.

### Eingelegte Zucchini
Zu gleichen Teilen Wasser und Essig mischen und aufkochen, Zucchiniwürfel, die mit Salz bestreut einige Stunden abtropfen konnten, kurz in diesem Sud aufkochen und über einem Sieb auspressen. Nun mit Olivenöl, Oregano und gepressten Knoblauchzehen mischen und in Gläser füllen. Mit Olivenöl aufgießen.

## Zwiebel

Eine der ältesten Kulturpflanzen dieses Planeten, mittlerweile seit mehr als 5.000 Jahren als Heil-, Gewürz- und Gemüsepflanze in Verwendung. Zwiebeln schmecken sehr unterschiedlich. Und sie sind gesund: Vor allem die rote Zwiebel zeichnet sich durch eine positive Wirkung auf Diabetes und Entzündungen aus; Zwiebeln reinigen den Körper. Mir hat ein Buch die Welt der Zwiebel erschlossen: „Bab Doukkala oder Die Seele des Kochens" von Jaafar Ben Saoud, erschienen im Europa Verlag.

**Tipp:** Die Zwiebel braucht Geduld und langes Köcheln, um ihr Aroma zu entfalten und sich nicht negativ im Magen-Darm-Trakt bemerkbar zu machen.

### Melanzani (Auberginen)

Roh schmecken diese Nachtschattengewächse durch ihre hohe Konzentration an Bitterstoffen grässlich; gebraten, gegrillt oder frittiert hingegen entwickelt ihr weißes Fruchtfleisch ein wunderbares, einzigartiges Aroma. Aus diesem Grund ist sie in den Küchen des Orients und des Mittelmeers eine zentrale Säule des Geschmacks. Ich verwende sie sehr gerne in Kombination mit Paradeisern und Zwiebeln.

### Rauner (Rote Rübe)

Warum auch immer: Ich bin süchtig nach der roten Kraftknolle. Der Rauner ist verwandt mit dem Mangold und der Zuckerrübe, kam durch die Römer aus Nordafrika nach Europa und gilt aufgrund seines hohen Vitamin-B-Gehalts, viel Kalium, Eisen und Folsäure als besonders gesundes Gemüse. Auch seine Blätter sind genießbar.

### Grüner Spargel

Ein einzigartiges Gemüse, es schmeckt sowohl roh als auch nach nur 4 bis 5 Minuten al dente gekocht. Ist durchaus einige Tage – am besten in ein feuchtes Tuch gewickelt – im Kühlschrank lagerfähig und lässt sich wunderbar mit allerlei Geschmäckern kombinieren: von der Erdbeere bis zu Parmesan oder Paradeisern. Grüner Spargel ist sehr einfach zu verarbeiten und muss entweder gar nicht oder nur im unteren Drittel geschält werden. Einfach das Stangenende abschneiden reicht meist.
Spargel ist der Inbegriff der saisonalen Küche: Ihn Tausende Kilometer importiert zu Weihnachten zu konsumieren ist aus meiner Sicht ein kulinarischer Frevel. Ich liebe es, mich monatelang auf ihn zu freuen, bis es Ende April oder Anfang Mai so weit ist. Und das gehört dann mit einem guten Glas Weißwein gefeiert.

### Die wunderbaren Salate – am Beispiel des Rucola

Rucola ist eigentlich kein klassischer Salat, sondern eine Blattkohlart. Am besten nach Geruch einkaufen: Ist er frisch und gut, dann ist sein nussig-scharfes Aroma unverwechselbar. Wird er kombiniert mit Parmesan und Aceto Balsamico, entsteht binnen Sekunden eine Köstlichkeit.

## Mangold

Vielseitiger und bunter Bestandteil vor allem der vegetarischen Küche. Und ein echter Vitaminschatz, der vor allem hohe Dosen an Vitamin K, A und E sowie Magnesium, Kalium und Eisen in sich birgt.

## Die wunderbaren Naturpflanzen – am Beispiel der Brennnessel

Sie gilt meist als Unkraut und als Störenfried im Garten. Jahrzehntelang hatten Brennnesseln in einem gut gepflegten Garten nichts verloren. Brennnesseln sind ein wahres grünes Multitalent: Sie werden verwendet als Dünger und Pflanzenschutzmittel, als Naturkosmetik, bei der Textilerzeugung, als Heilpflanze wegen ihres hohen Anteils an Vitamin A und C, Magnesium, Kalzium, Silizium, Kieselsäure und Flavonoiden. Brennnesseln enthalten rund sieben Mal mehr Vitamin C als eine Orange. Sie besitzen einen höheren Eiweißanteil als Soja. Und damit nicht genug sind sie auch ein wichtiges Gemüse der Naturküche und sind etwa in Italien längst wieder Teil der Alltagsküche. Bei uns ist das nur mehr eine Frage der Zeit, denn sie schmecken ähnlich wie Spinat, jedoch intensiver. Die Brennnesseln kurz blanchieren und anschließend mit eiskaltem Wasser waschen. Damit behalten sie die Farbe, brennen nicht mehr auf der Haut und können nun gut weiterverarbeitet werden. Versuchen Sie es!

## Die großartigen Kräuter – am Beispiel des Basilikums

Mein Sorgenkind bei der Pflege, aber wenn der richtige Standort gefunden ist, dann sind sein Geruch und sein Geschmack einzigartig. Wer kann da vorbeigehen ohne kurz zuzugreifen? Basilikum lässt sich hervorragend haltbar machen; etwa als Pesto.

### Basilikumpesto

Zwei klein gehackte Knoblauchzehen und eine Handvoll geröstete Pinienkerne im Mörser zerreiben, 60 g Parmesan beigeben sowie vier große Handvoll Basilikum. Alles fein zerreiben, bis eine schöne Creme entsteht. 200 ml Olivenöl beigeben und in Gläser abfüllen.

## Und zuletzt nicht zu vergessen: der wunderbare Mohn

Mohn (Papaver) wächst in 120 verschiedenen Varianten. Uns erfreut ab Ende Mai der kräftig blühende Klatschmohn auf Wiesen und Feldern. Der Anbau von Schlafmohn hat in Österreich jahrhundertelange Tradition. Besonders empfehlenswert ist die Wahl von Waldviertler Blau- oder Graumohn – im April ausgesät, stehen die Mohnfelder im Juli in wundervollen Farben.

Meine Mutter hat mir eines Tages die fallweise Anwendung eines Mohnlollis während meiner Kindheit gestanden. Heute wissen wir, dass dies nicht zu empfehlen ist. Dennoch: Vermutlich esse ich heute deshalb Mohnmehlspeisen aller Art mit großer Begeisterung.

# REZEPTE
# DES
# FRÜHLINGS

**D**er Frühling ist gekommen und für jeden Freund der Esskultur beginnt eine wundervolle Zeit: Der Wochenmarkt bringt die Schätze frisch vom Feld, eine breite Palette von Gemüsen und Kräutern gibt uns nun alle Kochmöglichkeiten, und jetzt lohnt sich auch ein erster Rundgang in der Natur ganz besonders. Augen auf und den Geruchssinn schärfen: Der Auwald mit seinem Bärlauch und die Naturwiese breiten sich als Vorratskammer vor uns aus. Die Tage werden länger und in einen Sonnenuntergang hinein für Freunde zu kochen ist ein unbeschreibliches Vergnügen.

# Das gibt's im Frühling regional:

vom

- Äpfel
- Bärlauch
- Borretsch
- Brennnessel
- Blattsalat
- Dill
- Erdäpfel
- Erdbeere
- Frühlingszwiebeln
- Gartenkresse
- Giersch
- Karotten
- Kerbel
- Kohlrabi
- Lauch
- Liebstöckel
- Lorbeer

- Löwenzahn
- Mangold
- Majoran
- Petersilie
- Radieschen
- Rauner (Rote Rübe)
- Rhabarber
- Rotkraut
- Rosmarin
- Rucola
- Salbei
- Sauerampfer
- Schalotten
- Schnittlauch
- Sellerie
- Spargel
- Spinat

- Thymian
- Vogerlsalat
- Waldmeister
- Weißkraut
- Zitronenmelisse
- Zwiebel

**Und das koche ich daraus** ›››

## BÄRLAUCH

Ich bin ein großer Fan des Bärlauchs und freue mich den halben Winter hindurch auf den ersten Spaziergang zum Suchen und Ernten. Geht der Schnee, dann dauert es nicht mehr lange, bis der erste Bärlauch – vor allem in den Auwäldern – kommt. Bei der Suche nach dem ersten Vorkommen nicht nur die Augen öffnen, sondern auch die Nase schärfen: Der meist massenhaft vorkommende Bärlauch verströmt einen intensiven Knoblauchduft. Bärlauch wirkt desinfizierend, fördert die Durchblutung und entgiftet – und schmeckt großartig. Aber Vorsicht beim Sammeln: Es besteht Verwechslungsgefahr mit den giftigen Herbstzeitlosen und Maiglöckchen. Die Unterscheidungsmerkmale: Bärlauch wächst im Unterschied zur Herbstzeitlose nur im Wald, alle Pflanzenteile riechen stark nach Knoblauch, jedes Bärlauchblatt hat einen eigenen Stängel, die weißen Blüten sitzen auf einem Stiel. Nur bei völliger Sicherheit sammeln! Generell gilt beim Sammeln von Kräutern, Früchten und Gemüse in der Natur: Bestimmungsbuch nicht vergessen und nur für den Eigenbedarf ernten.

# BÄRLAUCHPESTO

Bärlauch schmeckt frisch am besten, kann aber auch gut haltbar gemacht werden – ich bevorzuge dabei seine Verarbeitung als Pesto.

### Zutaten

¼ kg Bärlauch
3 EL Pistazien oder Pinienkerne oder Walnüsse
etwas geriebener Parmesan
6 EL Olivenöl

### Zubereitung

Bärlauch klein hacken, alle Zutaten gut vermischen und mixen oder mörsern – fertig.

# BÄRLAUCHSUPPE

### Zutaten

**für 4 Personen:**
1 große weiße Zwiebel
1 EL Butter
¼ kg Erdäpfel
¾ l Gemüsebrühe
¼ l Milch
250 g Bärlauch
Muskat, Pfeffer, Salz
50 ml Obers
Kürbiskernöl

### Zubereitung

Eine große weiße Zwiebel fein schneiden und in Butter anschwitzen, bis sie Farbe hat, Erdäpfel geschält und kleingeschnitten dazugeben, mit Gemüsebrühe und Milch aufgießen, aufkochen und 30 Minuten bei kleiner Temperatur köcheln lassen, bis die Erdäpfel weich sind. Gehackten Bärlauch dazugeben und ein bis zwei Minuten mitziehen lassen. Pürieren und mit Muskat, Pfeffer, Salz und Obers abschmecken, mit Kürbiskernöl marmorieren. Dieses Gericht wärmt, erfrischt und gibt viel Energie. Mögliche Einlage: angeröstete Altbrotwürfel.

# BÄRLAUCHPASTA

## Zutaten

**für 4 Personen:**

4 EL Bärlauchpesto (S. 30)

ca. 500 g Spaghetti

Butter

Salz und Pfeffer zum Abschmecken

## Zubereitung

Dieses Gericht ist einfach zu kochen: Pro Portion Spaghetti gut 1 EL Pesto verwenden. Nudeln al dente kochen, gut anbuttern, Pesto einschwenken – fertig. Ein Stück gutes Brot dazu, ein Glas frischer Weißwein – und fertig ist ein wunderbares Essen. Genau so schmeckt der Frühling!

# ERDÄPFEL-BÄRLAUCH-AUFLAUF

## Zutaten

**für 4 Personen:**

¾ kg Erdäpfel

3 Handvoll Bärlauch

150 ml Obers

150 ml Milch

150 g würziger Hartkäse

Muskat

Salz

Pfeffer

## Zubereitung

Erdäpfel schälen und in feine Scheiben hobeln, klein geschnittenen Bärlauch beigeben, gut verrühren und die Mischung in eine gefettete Auflaufform schichten. Obers, Milch und geriebenen Hartkäse gut vermischen, mit Muskat, Salz und Pfeffer abschmecken und über die Erdäpfel-Bärlauch-Mischung gießen. Rund 40 Minuten bei 180 °C backen. Fertig ist ein einfaches, preisgünstiges und bekömmliches Essen, das ein behagliches, wohliges Körpergefühl vermittelt.

**Tipp:** Der Auflauf schmeckt auch sehr gut, wenn er ein paar Minuten, bevor er aus dem Rohr kommt, mit Schafkäsekrümeln bestreut wird.

# BÄRLAUCHBUTTER

## Zutaten

**für 4 Personen:**

200 g Butter

Salz

1 Handvoll Bärlauch

## Zubereitung

Auf 200 g Butter kommt gutes Salz und eine große Handvoll fein gehackter Bärlauch, gut vermischen, fertig. Wunderbar als Brotbelag zu essen oder zum Kochen zu verwenden.

**Gut zu wissen:** Die Bärlauchbutter ist eine schmackhafte Möglichkeit, den Bärlauch für einige Zeit haltbar zu machen. Das ist auch insofern ganz gut, weil der wilde Bärlauch Monate vor dem Knoblauch geerntet wird und Knoblauch oft im Frühling nicht mehr frisch ist – außer er wird mit fragwürdigen Methoden haltbar gemacht.

## SPARGEL

Der Frühling kommt – und damit die Blüten, junge Pflanzen, viele neue Gerüche, Bienen – der Kreislauf der Natur wird sichtbar. Mit dem Frühling kommt viel Gemüse, auf das wir uns seit Monaten gefreut haben. Meist beginnt bei mir im Dezember die Sehnsucht nach Spargel. Ich genieße diese Vorfreude. Und was ist schöner, als im April dann die letzten Wochen und Tage bis zum ersten Biospargel aus der Region zu zählen? Spargelvariationen gibt es unzählige, hier einige meiner Lieblingsrezepte, die ich besonders gerne zubereite und mit denen ich sehr gerne experimentiere, um die Geschmackskombinationen weiterzuentwickeln.

# SPARGEL-KAROTTEN-GEMÜSE

vegan

### Zutaten

**für 4 Personen:**

Kokosöl

2 TL gemahlener Zimt

1 TL gemahlene oder gemörserte Korianderkörner

½ TL gemahlener oder gemörserter Piment, Salz

4 große Karotten, gehobelt

500 g grüner Spargel

### Zubereitung

Etwas fair gehandeltes Bio-Kokosöl in einer Pfanne erwärmen, Zimt, Koriander, Piment und Salz beigeben und anschließend die gehobelten Karotten und den in 2–3 cm große Stücke geschnittenen grünen Spargel gemeinsam kräftig anbraten, bis alles bissfest ist.

**Gut zu wissen:** Diese einfache und leckere Vorspeise zeigt, dass vegane Küche im Gegensatz zu Vorurteilen schlicht und voller Geschmack ist. Ich verdanke es meinem ersten veganen Kochkurs mit *herzlichkochen.at*.

# EI MIT SPARGEL

### Zutaten

**für 4 Personen:**

½ kg grüner Spargel

4 Eier

Rapsöl

Pfeffer

Salz

Kerbel

Parmesan

### Zubereitung

Den grünen Spargel 5 Minuten kochen, 4 Eier nicht ganz hart kochen, sodass der Dotter beim halbierten Ei noch leicht wachsig schwimmt. Nun den Spargel mit Rapsöl, Pfeffer, Salz und etwas Kerbel würzen und die halbierten, leicht gepfefferten Eier darauf verteilen. Abschließend einige Raspeln Parmesan darauf verteilen (nicht sparen).
Oft schmeckt das Einfache am besten. Das zeigt sich bei diesem schlichten Spargelrezept, das man gut weiterentwickeln kann. Ich kenne wenige Spargelrezepte, die den Geschmack des Spargels so harmonisch entfalten.

# PETRAS SPARGELSALAT

## Zutaten

**für 4 Personen:**

200 g Erdbeeren

200 g Spargel

Salz

weißer Balsamico

Öl

1 Orange

200 g Rucolasalat oder
Babyspinat

4 EL Sauerrahm

Zucker

Pfeffer

## Zubereitung

Den Rucolasalat oder Babyspinat mit Salz, weißem Balsamico, Öl und dem Saft einer halben Orange marinieren. Die Erdbeeren und den in 2–3 cm große Stücke geschnittenen, gekochten Spargel darauf platzieren und mit einer Soße aus Sauerrahm, dem Saft einer halben Orange, einer Prise Salz und Zucker vermischen, abschließend kräftig pfeffern und gut abmischen.

Mit guten Rohstoffen ist dieser einfache Salat ein einzigartiger Genuss – frisch, fruchtig, bekömmlich.

# NUSSIGES SPARGELRISOTTO

## Zutaten

**für 4 Personen:**

1 große weiße Zwiebel

1 EL Kräuter

1 EL Butter

300 g Risottoreis

⅛ l Weißwein

300 g grüner Spargel

140 g Blauschimmelkäse

Salz

Pfeffer

100 g Haselnüsse

Semmelbrösel

## Zubereitung

Die gehackte Zwiebel in Butter anschwitzen, den Risottoreis beigeben, mitschwitzen und mit Weißwein ablöschen. Anschließend langsam den Reis mit Wasser aufkochen. Grünen, in mundgerechte Stücke geschnittenen Spargel fast al dente kochen. Den Spargel zum Reis geben, Blauschimmelkäse unterrühren, mit Salz und Pfeffer abschmecken. Frisch geröstete, noch lauwarme gehackte Haselnüsse mit etwas Semmelbrösel, Öl und Kräutern kurz anbraten, bis sich der Duft entfaltet und unter das Risotto ziehen.
Ein Kunstwerk des Geschmacks! Die Haselnüsse verbinden die Intensität von Schimmelkäse und Spargel auf eine spektakuläre Art.

# SPARGELRISOTTO PUR

## Zutaten

**für 4 Personen:**

½ kg Spargel

1 große weiße Zwiebel

1 Handvoll Petersilie, klein gehackt

300 g Risottoreis

⅛ l Weißwein

Rapsöl

1 Handvoll Kräuter

Butter

1 Handvoll würziger Hartkäse

Salz, Pfeffer

## Zubereitung

Spargel ohne Spitzen in mundgerechte Stücke schneiden und in Salzwasser al dente kochen. Die Zwiebel fein hacken und mit der klein gehackten Petersilie dünsten. Risottoreis beigeben, mit etwas Weißwein ablöschen und mit dem Spargelkochwasser weich kochen. Den Spargel zufügen, Spargelspitzen in gutem Rapsöl anbraten, gehackte Kräuter unterziehen, mit Butter, geriebenem würzigen Hartkäse, Salz und Pfeffer abschmecken und die gebratenen Spargelspitzen auf das Risotto geben. Auch hier überzeugt der einfache, gerade Geschmack des Spargels.

# TARTE AUS SPARGELRESTEN

## Zutaten

**für 4 Personen:**

Spargelreste nach Vorhandensein (zumindest 250 g)

Blätterteig

**Für die Sauce hollandaise:**

3 Eidotter

100 g Butter

Saft einer halben Zitrone

2 Eidotter

würziger Hartkäse, fein gerieben

Handvoll gemischte Kräuter

Salz, Pfeffer

## Zubereitung

Eine Tarte-Form mit Blätterteig auslegen, Spargelstücke al dente kochen und abtupfen. Eine Sauce hollandaise zubereiten: 3 Eidotter mit 2 EL Wasser, dem Saft einer halben Zitrone, Salz und Pfeffer mischen, über Wasserdampf schaumig schlagen, von der Hitze nehmen und die weiche Butter langsam einrühren. Diese mit 2 Dottern verrühren und auf den Teig geben. Würzigen, fein geriebenen Hartkäse sowie klein gehackte Kräuter darauf verteilen und schließlich mit den Spargelstücken abschließen. Bei 220 °C im Rohr backen, bis der Blätterteig reif ist.

**Tipp:** Ich versuche generell, Lebensmittel möglichst umfassend zu verwerten. Spargel kommt mir jedenfalls ganz sicher nicht in den Biomüll. In ein feuchtes Geschirrtuch gewickelt halten die Spargelreste im Kühlschrank auch ein paar Tage.

## WIESENKRÄUTER

Ich geh dann mal weg – Essen holen. Immer öfter führt mich der Weg nach dieser Ankündigung nicht in den Supermarkt, ins Lebensmittelgeschäft oder auf den Markt, sondern ausgestattet mit Sackerl, Schere und Bestimmungsbuch auf die Wiesen in unserer Nachbarschaft. Das beste Essen wächst auf den seit Jahrzehnten (vielen Dank an die Biobauern in unserer Umgebung) nicht gespritzten Wiesen in unserem Umfeld.

Achtung, Naturschutz! Manche Pflanzen und Pilze sind in Österreich nach dem jeweiligen Naturschutzgesetz des Bundeslandes geschützt. Daher die jeweiligen naturschutzrechtlichen Bestimmungen einhalten und nur für den Eigenbedarf pflücken!

Wunderbare Rezepte und auch Kochkurse bieten die Köchinnen von www.herzlichkochen.at an. Eine einfache Anleitung dazu kommt auch von der „Umweltberatung". In der Broschüre „Wilde Sachen zum Selbermachen" werden die vielfach in Vergessenheit geratenen Wiesenkräuter abgebildet, Tipps zur Verwendung und Haltbarmachung gegeben sowie ihre gesundheitlichen Auswirkungen beschrieben. www.umweltberatung.at.

# ZAUBERSUPPE VON UNSERER WIESE

## Zutaten

**für 4 Personen:**

3 Handvoll Wildkräutermischung (z. B. Schafgarbe, Löwenzahn, Brennnessel, Spitzwegerich)

2 Zwiebeln

Zucker

Salz

1 EL Brösel oder Knödelbrot

Rapsöl

1 Handvoll geröstete Brotwürfel

½ Becher Obers

1 l Gemüsebrühe

## Zubereitung

Die Zwiebeln fein hacken und in Rapsöl andünsten, die gehackte Wildkräutermischung und einen Löffel Brösel oder Knödelbrot beigeben, mit Gemüsebrühe aufgießen, einige Minuten köcheln lassen und mit Zucker und Salz abschmecken. Pürieren, Obers unterrühren und mit gerösteten Brotwürfeln garnieren. Ein Energieschub.

# HEISSE SAUERAMPFERSUPPE

## Zutaten

**für 4 Personen:**

60 g Butter

60 g Mehl für die Einbrenn

1 l Gemüsebrühe

3 Handvoll Sauerampfer, geschnitten

150 g frischer Spinat oder Brennnessel

4 EL Sauerrahm

Salz

Pfeffer

2 Eier

## Zubereitung

Suppeneinbrenn aus Butter und Mehl vorbereiten (Butter zergehen lassen und Mehl gut einrühren, nach Bedarf eine Kleinigkeit Wasser), mit reichlich Gemüsebrühe aufgießen und 10 Minuten köcheln lassen; den geschnittenen Sauerampfer und klein geschnittenen Spinat vermischen und beigeben, ein paar Minuten weiterköcheln lassen, dann die Suppe pürieren. Mit Sauerrahm, Salz und Pfeffer abschmecken. Die 2 Eier nicht ganz fest kochen, halbieren und je eine Hälfte auf die Suppe legen und mit ein paar Kräutern bestreuen.

**Tipp:** Sauerampfer gilt seit Jahrhunderten als gesunde, verdauungsfördernde Wiesenpflanze, die gut in Salate und Suppen passt und mit Milchprodukten harmoniert.

# AUFLAUF AUS DER NATUR

## Zutaten

**für 4 Personen:**

3 große Handvoll Wildkräutermischung (z. B. Giersch, Bärlauch und Brennnessel)

1 Handvoll Petersilie

2 kleine Zwiebeln

Rapsöl

Salz

Pfeffer

⅛ l Gemüsebrühe

3 Scheiben aufgebackenes altes Brot

3 Eier

⅛ l Milch

100 g geriebener würziger Hartkäse

1 Glas Weißwein

## Zubereitung

Die Wildkräutermischung in kochendem Salzwasser kurz blanchieren. Petersilie klein schneiden und mit den fein geschnittenen Zwiebeln und der fein gehackten Kräutermischung in etwas Rapsöl andünsten. Mit einem Glas Weißwein ablöschen, mit der Gemüsebrühe aufgießen und dünsten. Mit Salz und Pfeffer abschmecken. Altbrot würfelig schneiden, Eier mit Milch verrühren, die Brotwürfel beigeben und kurz stehen lassen. Durchrühren und das Gemüse beimischen. In eine gefettete Auflaufform geben, mit geriebenem Käse bestreuen und bei 190 °C 20 Minuten backen.
Ein recht ungewöhnlicher Geschmack, aber eine spannende Entdeckung. Gesund und kräftigend.

**Gut zu wissen:** Giersch schmeckt leicht scharf und recht würzig, erinnert an Petersilie, ist vitaminreich. Nur die jungen Blätter im März und April ernten. Er passt sehr gut zu Brennnesseln und Bärlauch.

# GRÜNE KRÄUTERSUPPE

## Zutaten

**für 4 Personen:**

60 g Butter

60 g Mehl für die Einbrenn

1 Glas Weißwein

1 l Gemüsebrühe

6 Handvoll verschiedene Wiesenkräuter

Muskat, Pfeffer, Salz

## Zubereitung

Eine Einbrenn aus Butter und Mehl herstellen (Butter zergehen lassen und Mehl einrühren, nach Bedarf eine Kleinigkeit Wasser), mit Weißwein ablöschen und intensiv rühren. Aufkochen lassen und dann mit Gemüsebrühe aufgießen. Wiesenkräuter beigeben, aufkochen und ein paar Minuten auf kleiner Flamme köcheln lassen. Mit Muskat, Pfeffer und Salz abschmecken, pürieren und servieren. Ein Gesundbrunnen gegen die Frühjahrsmüdigkeit.

---

# SALATTIGER

vegan

## Zutaten

**für 4 Personen:**

600 g Salat der Saison

2 Handvoll Kräuter der Saison

Pfeffer und Salz

Balsamico, Olivenöl

wahlweise Frühlingszwiebeln, Knoblauch, Chili, Zitrone, Senf, Essig

## Zubereitung

Salat der Wahl und Saison waschen, abtropfen lassen und in mundgerechte Stücke reißen. Nun klein gehackte Kräuter der Saison – je vielfältiger, desto besser – beigeben und marinieren, zum Beispiel „klassisch" mit Pfeffer, Salz, Balsamico und Olivenöl.

**Tipp:** Hier kann man wunderbar experimentieren: mit Frühlingszwiebeln, Knoblauch, Chili, Zitrone, Senf und verschiedenen Essigsorten.

---

# MEINE FRÜHLINGSPIZZA

## Zutaten

**für 4 Personen:**

Pizzateig (siehe S. 22)

1 Becher Sauerrahm

100 g würziger Frischkäse

1 Knoblauchzehe

Frühlingsgemüse zum Belegen (etwa Spargelreste, Bärlauch, Brokkoli ...)

150 g gewürfelter Fetakäse

1 Handvoll klein gehackte, gemischte Kräuter

## Zubereitung

Teig auf einem mit Backpapier ausgelegten Blech ausrollen. Mit einer Mischung aus Sauerrahm, Frischkäse und gepresstem Knoblauch bestreichen und mit Salz und Pfeffer abschmecken. Darauf die klein gewürfelte Mischung aus Frühlingsgemüse geben und mit Schafkäsewürfel bedecken. Bei 220 °C backen, bis das Gemüse durch und der Teig schön braun ist, aus dem Rohr nehmen und mit der Kräutermischung bestreuen. Etwas ruhen lassen, bis die Kräuter zu duften beginnen.

# GRÜNE GNOCCHI ROT-WEISS ÜBERBACKEN

## Zutaten

**für 4 Personen:**

1 kg Erdäpfel
1 große Handvoll Brennnesseln
1 Ei
180 g Dinkelmehl
Butter zum Einfetten der Form
½ Liter Paradeisersugo
2 Kugeln Kuhmozzarella
2 EL Brösel
½ Becher Sauerrahm
gehackter Oregano
1 Ei

## Zubereitung

Erdäpfel kochen und durch eine Presse drücken. Brennnesseln kurz blanchieren und dann eiskalt abschrecken, abtrocknen und fein hacken. Brennnesseln unter die Erdäpfel ziehen, Ei und Dinkelmehl beifügen und zu einem schönen Gnocchiteig kneten. Gnocchi formen, in Salzwasser kochen und herausfischen, sobald sie an die Oberfläche steigen. Die abgekühlten Gnocchi in eine mit Butter eingefettete Form geben, vorbereitetes Paradeisersugo darüber verteilen, mit Oregano gut würzen und darüber eine gut mit Salz und Pfeffer abgeschmeckte Mischung aus dem klein gehackten Kuhmozzarella, Sauerrahm, Bröseln und Ei gießen. Überbacken bei 200 °C.

---

# DER FRÜHLING, DAS GEMÜSE UND DER REIS

## Zutaten

**für 4 Personen:**

rund 350 g wahlweise junger
Spargel, Bohnen, Karotten,
Zucchini, Sellerie, Lauch ...
300 g Risottoreis
½ l Gemüsebrühe
1 Lorbeerblatt
Butter
1 Handvoll Kräuter
1 Handvoll frisch geriebener
würziger Hartkäse
Salz und Pfeffer

## Zubereitung

Dieses Risotto richtet sich nach dem Angebot an Frühlingsgemüse. So können etwa junger Spargel, Bohnen, Karotten, kleine Zucchini, Sellerie oder Lauch verwendet werden. Ich wähle meist drei bis vier Sorten Frühlingsgemüse aus. Gemüse klein schneiden und in Rapsöl anbraten. Nun Risottoreis und Lorbeerblatt beigeben, gut verrühren und mit der Gemüsebrühe Schritt für Schritt langsam aufgießen, bis der Reis und das Gemüse al dente sind. Etwas Butter und die Kräuter beigeben und mit einer Handvoll Hartkäse sowie Salz und Pfeffer abschmecken.

# SÜSSKARTOFFELSUPPE

## Zutaten

**für 4 Personen:**

1 Zwiebel

1 TL klein gehackter, geschälter Ingwer

½ kg Süßkartoffeln

½ l Gemüsebrühe

2 EL Obers

Cayennepfeffer

2 Karotten

1 TL Kurkuma

## Zubereitung

Eine weiße Zwiebel würfeln und mit Kurkuma anbraten. Anschließend die grob gewürfelten Süßkartoffeln und den klein gewürfelten Ingwer beigeben. In Scheibchen geschnittene Karotten und die Gemüsebrühe beigeben. So lange köcheln, bis Kartoffeln und Karotten durch sind. Obers beigeben, pürieren, nochmals aufkochen und mit Cayennepfeffer abschmecken.
Diese Suppe wärmt und kräftigt an kühlen Frühlings-abenden. So verkühle ich mich ganz sicher nicht!

**Gut zu wissen:** Die Süßkartoffel ist ein viel zu selten verwendetes Gemüse mit hohem Wassergehalt. Sie ist überraschenderweise nicht mit dem Erdapfel verwandt.

# KRÄUTEROMELETTE

## Zutaten

**für 4 Personen:**

8 Eier

je 1 Schuss Milch und Wasser

Salz

240 g Dinkelmehl

verschiedene frische, fein gehackte Kräuter

Butter

## Zubereitung

Die Eier trennen. Die acht Eigelb mit einem Schuss Milch, Salz und Wasser gut vermischen, das Dinkelmehl dazu-geben und daraus einen schönen Teig formen. Die Kräu-termischung fein schneiden und in den Teig einarbeiten. Eiweiß zu einem wirklich steifen Schnee schlagen und vorsichtig unter den Kräuterteig ziehen. Omelette in hei-ßer Butter herausbraten. Das ist Übungssache!

**Tipp:** Die ersten Frühlingskräuter aus dem eigenen Gar-ten, bunt gemischt mit Wiesenkräutern in einer Omelet-te verarbeitet, dazu ein Stück Brot und ein Schluck Weiß-wein: Wieder ist weniger viel mehr.

## KÖSTLICHER LÖWENZAHN

Der Löwenzahn hat aufgrund seiner hohen Anteile an Inulin und Kalium eine jahrhundertelange Geschichte als Heilpflanze. Bekömmlich sind vor allem seine jungen, kleinen Blätter, aber in bestimmten Fällen auch seine leuchtend gelben Blüten. Viele Gartenbesitzer ärgern sich über zu viel Löwenzahn – einfach essen lautet die Devise!

# RISOTTO VON DER WIESE

### Zutaten

**für 4 Personen:**

1 Knoblauchzehe
1 kleine weiße Zwiebel
1 kleine Lauchstange
1 Lorbeerblatt
1 Handvoll Kräuter
300 g Risottoreis
600 ml Gemüsebrühe
2 Handvoll Löwenzahnblüten
1 Handvoll geriebener
würziger Hartkäse
Pfeffer, Olivenöl

### Zubereitung

Knoblauchzehe, Zwiebel und Lauchstange fein hacken, in Olivenöl andünsten und nach und nach ein Lorbeerblatt sowie die Kräutermischung beigeben und köcheln lassen. Risottoreis beigeben und ebenfalls andünsten. Gut umrühren und mit knapp der Hälfte der Gemüsebrühe ablöschen und nun die zerteilten Löwenzahnblüten unterziehen. Nach und nach die restliche Gemüsebrühe beigeben, bis der Reis al dente ist. Eine Handvoll geriebenen Hartkäse drüberstreuen und fertig ist der wärmende Genuss.

---

# VENEZIANISCHES HOPFENRISOTTO

— in Anlehnung an das Buch von Toni Vianello, „Risotto", Christian Verlag

### Zutaten

**für 4 Personen:**

¾ kg Hopfentriebe
1 weiße Zwiebel
1 Stangensellerie
300 g Risottoreis
¾ l Gemüsebrühe
Butter
geriebener würziger Hartkäse
Salz & Pfeffer

### Zubereitung

Die Hopfentriebe lege ich eine Stunde in kaltes Wasser. Eine Zwiebel und einen Stangensellerie klein schneiden und in Rapsöl anbraten. Nun die ebenfalls klein geschnittenen Hopfentriebe beigeben. Salzen, pfeffern und eine Viertelstunde köcheln lassen. Nun 300 g Risottoreis beifügen und nach und nach Gemüsebrühe aufgießen, bis der Reis al dente ist. Mit Butter, geriebenem Hartkäse, Salz und Pfeffer abschmecken.

# GRÜNE SPÄTZLE

## Zutaten

**für 4 Personen:**

160 g Buchweizenmehl

200 g Urkorngrieß

160 ml Wasser

Salz

Muskat

Koriander

4 Handvoll Brennnesseln

1 EL Kokosöl

Pfeffer

## Zubereitung

Buchweizenmehl mit Urkorngrieß, Salz, Muskat und Koriander mischen. Brennnesseln mit wenig Wasser kurz aufkochen, abseihen, kalt abschrecken und klein schneiden. Anschließend alles mit 160 ml Wasser gut mischen und zu einem Teig kneten. 20 Minuten rasten lassen. Den Teig mit einem Spätzlesieb in kochendes Salzwasser durchdrücken, aufkochen lassen, mit kaltem Wasser abschrecken. Kokosöl mit Salz und Pfeffer erwärmen und die Spätzle darin schwenken.

**Gut zu wissen:** Dieses Rezept habe ich von den engagierten Spezialistinnen der veganen Naturküche von herzlichkochen.at gelernt. Viele haben großen Respekt vor einer Umstellung auf veganes Kochen. Dieses Rezept zeigt, dass es einfach ist und wunderbar schmeckt.

---

# ERDÄPFELPÜREE AUS DEM GARTEN DER NATUR

## Zutaten

**für 4 Personen:**

3 Handvoll Wiesenkräuter (z. B. Spitzwegerich, Giersch, Brennnessel, Brunnenkresse, Beinwell)

650 g Erdäpfel

¼ l Gemüsebrühe

Obers

100 g Butter

Muskat

Pfeffer

Salz

## Zubereitung

Erdäpfel weich kochen, im Topf stampfen und die klein gehackten Kräuter unterziehen. Ein Viertelliter Gemüsebrühe, Butter und je nach Geschmack Obers dazugeben. Gut durchrühren und leicht köcheln, bis alles eine schöne Konsistenz erhält. Abschmecken mit Muskat, Pfeffer und Salz. Das beste Püree der Welt aus dem Garten der Natur!

**Tipp:** Eine kurze Wanderung machen, und schon sind auf den naturbelassenen Wiesen die Wildkräuter gesammelt.

# LÖWENZAHNRAVIOLI

## Zutaten

**für 4 Personen:**

350 g Mehl

Salz

1 Ei

1 Eidotter

2 Handvoll klein gehackte, junge Löwenzahnblätter

1 Handvoll Bärlauch

150 g geriebener würziger Hartkäse

600 g milder Frischkäse

Gewürze

Salbeiblätter

1 Handvoll geröstete, zerkleinerte Haselnüsse

## Zubereitung

Aus Mehl, Salz, einem Ei und einem Eidotter einen klassischen Ravioliteig kneten. Zwei Stunden kühl ruhen lassen. Löwenzahnblätter sehr klein hacken und überkochen, mit klein geschnittenem Bärlauch, der Hälfte des geriebenen Hartkäses sowie dem Frischkäse gut vermischen und mit Gewürzen ganz nach Geschmack verfeinern. Sehr kurz anbraten. Den Teig auf etwa 2 mm Dicke auswalzen, beliebig große Kreise ausstechen und mit der Masse füllen, Ravioli formen. Die Ränder der Ravioli mit Ei bestreichen, anschließend 2 Minuten aufkochen lassen. Über den fertigen Ravioli macht sich der restliche Hartkäse recht gut. Ausgezeichnet passen dazu Salbeiblätter, die abgepflückt und kurz in heißer Butter geschwenkt werden. Diese und einige ganze Löwenzahnblätter auf die Ravioli legen, frisch geröstete, zerkleinerte und noch lauwarme Haselnüsse darübergeben und fertig ist ein Feuerwerk der Sinne – für Gaumen und Auge!

**Gut zu wissen:** Dieses Rezept lernte ich vor Jahren in einem Restaurant in Udine kennen. Die Zubereitung ist etwas aufwendig, macht aber Spaß und das Gericht schmeckt grandios.

# LÖWENZAHNOMELETTE

## Zutaten

**für 4 Personen:**

260 g Mehl

⅓ l Milch

8 Eier

2 Handvoll junge Löwenzahnblätter

2–3 EL würziger Frischkäse

## Zubereitung

Eier trennen. Mehl, Milch und die Eidotter zu einem Teig verrühren. Die Eiweiße zu Schnee schlagen und unterheben. Löwenzahnblätter nicht zu klein hacken, kurz überkochen und in einer Pfanne in Butter schwenken. Den Teig daraufgeben, eine klassische Omelette zubereiten und abschließend Frischkäse und geschnittene Löwenzahnblätter mischen und die Omelette damit belegen.

# MORCHELTAGLIATELLE

## Zutaten

**für 4 Personen:**

1 weiße Zwiebel
200 g Morcheln
Butter
200 g Champignons
Zitronensaft
Salz
Pfeffer
⅛ l Weißwein
¼ l Obers
2 EL Sauerrahm
1 Handvoll Kräutermischung
400 g Tagliatelle

## Zubereitung

Zwiebel klein hacken, die halbierten Morcheln dazugeben, die Champignons in Scheiben schneiden und die Mischung leicht in einer gebutterten Pfanne anbraten, und zwar in dieser Reihenfolge: Zuerst die Zwiebel einige Zeit dünsten lassen, dann kurz nacheinander Morcheln und Champignons beigeben. Mit Zitronensaft, Salz und Pfeffer abschmecken und mit etwas Weißwein ablöschen. Nun einige Zeit köcheln lassen, Obers beigeben und alles zu einer dicken Soße aufkochen. Sauerrahm und die klein gehackten Kräuter hinzugeben und unter die inzwischen al dente gekochten Tagliatelle mischen. Ein Himmel des Geschmacks!

**Gut zu wissen:** Dieses Rezept habe ich am Campo de Fiori in Rom kennengelernt. Die Morchel-Tagliatelle passen auch wunderbar zu Wildgerichten. Mir persönlich ist das aber fast zu viel an Geschmäckern. Besonders grandios ist der Geschmack von Morcheln, wenn sie frisch – und nicht getrocknet – verarbeitet werden.

# LACHSFORELLENPASTA

## Zutaten

**für 4 Personen:**

2 Lachsforellenfilets ohne Haut und Gräten, à ca. 200 g
1 große weiße Zwiebel
2 EL Butter
⅛ l Weißwein
100 ml Obers
1 Zucchini, in dünne Scheiben geschnitten
Zitronensaft
Dille, Salz, Pfeffer
500 g Farfalle oder Spirali

## Zubereitung

Eine große weiße Zwiebel klein hacken und in Butter anschwitzen. Den ausgelösten Fisch in 2 cm große Würfel schneiden, kurz mit der Zwiebel andünsten. Mit einem guten Weißwein ablöschen, kurz einkochen lassen, Hitze reduzieren. Das Obers unterziehen, alles kurz aufkochen, die Zucchinischeiben unterziehen, kurz weiterdünsten, mit Zitronensaft, Dille und Pfeffer abschmecken, mit den al dente gekochten Nudeln vermischen und servieren.

**Gut zu wissen:** Lachsforellen sind eine bestimmte Züchtung und besonders beliebt, weil sie etwas fettärmer sind.

# OSTERHUHN

## Zutaten

**für 4 Personen:**

1 Bio-Huhn

6 mittlere Erdäpfel

3 rote Zwiebeln

1 Knoblauchzehe

1 große weiße Zwiebel

Wacholderbeeren

Bärlauch

Thymian

1 Handvoll Estragon

1 Handvoll Petersilie

## Zubereitung

Das Huhn mit gehacktem Bärlauch, Thymian und Wacholderbeeren füllen, mit Salz und Pfeffer würzen und in Öl gut anbraten. Nun die Erdäpfel vierteln und mit den gehackten weißen und roten Zwiebeln und der gehackten Knoblauchzehe im selben Fett anbraten. Diese Masse in die Bratform geben, gehackten Estragon und gehackte Petersilie daraufstreuen und das Huhn darauflegen. Nun im Backrohr bei 180 °C langsam braten, bis das Huhn eine schöne goldbraune Farbe hat.

**Tipp:** Dazu passt ein frischer, knackiger Frühlingssalat.

# GETRÄNKE

Aus Zutaten aus der Natur lassen sich in kurzer Zeit wunderbare Getränke mixen. Im Frühling und Sommer mein Morgendoping, das ich gerne auch in die Arbeit mitnehme. In der Folge einige Möglichkeiten, die zum Probieren und Kreieren anregen sollen. Fast alles und fast jede Kombination aus Gemüse, Kräutern und Obst ist hier möglich.
Lassen Sie Ihre Fantasie walten und Ihren Geschmack spielen: raus in den Garten, herein mit den Früchten und ab in den Standmixer, Pürierstab oder das Spezialgerät. Ein wunderbarer Weg, den Geschmäckern auf die Spur zu kommen. So erfrischend und stärkend!

# GRÜNE SMOOTHIES

vegan »

Zum Beispiel gemixt aus 3 Selleriestangen, 5 Äpfeln, dem Saft einer Zitrone, je einer Handvoll Minze und Petersilie, mit frischem, kühlem Leitungswasser verdünnen. Ein göttlich schmeckender Turbo für den ganzen Tag.

*Oder:* 1 Stange Sellerie, ½ Avocado, 1 Apfel, 1 Handvoll Kresse, ½ Salatgurke und 1 Handvoll frischen Spinat mit Leitungswasser mixen.

*Oder:* 1 Schlangengurke, 2 Kiwis, 2 Handvoll Kräuter, etwas Zitronensaft, 1 Handvoll frischer Spinat, pürierte Nüsse mit ½ Liter Wasser mixen.

# SIRUP VON LÖWENZAHN, HOLLER UND FLIEDER

## Zutaten

**für 4 Personen:**

200 g Löwenzahnblüten

3 Zitronen

2,5 kg Zucker

2,5 l Wasser

einige abgezupfte Fliederblüten

2 Orangen

20 Hollerblütendolden

## Zubereitung

Zucker und Wasser aufkochen, bis der Zucker sich aufgelöst hat. Zitronen und Orangen in Scheiben schneiden und beigeben, weiterköcheln lassen. Nun die gut gesäuberten Blüten zerteilen und zerkleinern, in eine Schüssel geben und mit der heißen Flüssigkeit übergießen. Etwas rasten lassen, Zitronen und Orangen herausnehmen. Zugedeckt drei Tage stehen lassen, durch ein Sieb gießen und in saubere Flaschen abfüllen. Kühl und dunkel gelagert hält der Sirup bis zu einem Jahr und kann als tolles Sommergetränk, aber auch wunderbar zum Aufpeppen von verschiedenen Mehlspeisen verwendet werden.

---

# HOLLER-FLIEDER-SEKT

## Zutaten

**für 4 Personen:**

9 Liter heißes Wasser

2 Zitronen

5 Fliederdolden

15 Hollerblütendolden

700 g Zucker

15 g Zitronensäure

## Zubereitung

Zitronen in Scheiben schneiden und in einen 10-Liter-Behälter mit Deckel legen. Gesäuberte Blüten sowie die Zitronensäure beigeben. Alles mit dem sehr heißen Wasser aufgießen und zugedeckt an einem warmen Platz vier Tage ziehen lassen. Durch ein Tuch sieben. Alles neuerlich aufkochen und in gut gereinigte Flaschen mit einem sehr guten Verschluss zu drei Viertel auffüllen. Vorsichtig an einem kühlen und dunklen Ort lagern und nach weiteren zwei Wochen erstmals verkosten.

**Variante:** Auch mit abgezupften Löwenzahnblüten köstlich!

# MEINE LIEBLINGSKRÄUTER AUS DER NATUR

Bärlauch

Beinwell (Beinwurz)

Brennnessel

Brunnenkresse

Giersch

Löwenzahn

Sauerampfer

Schafgarbe

Spitzwegerich

# WAS WIR DURCH ACHTSAMEN KONSUM BEWIRKEN KÖNNEN!

**D**ie Umweltbilanz der globalen Essensindustrie ist verheerend: Ein Gutteil der Grundwasserverseuchung und schwere Klimaschäden werden durch industrielle Massentierhaltung verursacht. Der Raubbau an den Meeren geht weiter – ein durchschnittlicher Garnelenkutter wirft 80 bis 90 Prozent der Meerestiere, die er fängt, tot oder sterbend wieder über Bord. Die Erzeugung von einem Kilogramm Fleisch in der industriellen Massentierhaltung führt im Durchschnitt zum Verbrauch von 15.000 Litern Wasser. Sinnloser globaler Transport von Lebensmitteln ist einer der größten $CO_2$-Verursacher. Die Fleischproduktion trägt sogar noch 40 Prozent mehr zur globalen Erwärmung bei als der gesamte weltweite Transportverkehr.

Unmengen an Antibiotika und andere Medikamente gehören untrennbar zur industriellen Massentierhaltung. Monokulturen, Überdüngung, Bodenerosion, die Zerstörung von Ökosystemen und immer weniger Vielfalt sind weitere Folgen der industriellen Massenproduktion. Immer stärker muss die Vielfalt der Natur der Einfalt der globalen Essensindustrie weichen. Es bräuchte eine zweite Welt, um die Weltbevölkerung auf westlichem Niveau und in westlicher Unkultur zu ernähren. Wir haben es in der Hand. Wir können umdenken und umlenken. Essen ist eine zutiefst persönliche und private Entscheidung. Daher kann und darf es dabei auch keine Bevormundung geben. Sehr wohl aber Information und Angebot, denn diese sind die Eltern der Wahlfreiheit.

## Wir können saisonale Produkte bevorzugen

Obst und Gemüse schmecken am besten kurz nach der Ernte. Ein Biss in frische Erdbeeren oder Paradeiser ist ein unvergesslicher Genuss. Obst und Gemüse strukturieren das Jahr. Lernen wir wieder, wie die Jahreszeiten riechen und schmecken, lieben wir die Vorfreude auf die Vielfalt der Düfte und Geschmäcker. Jede Jahreszeit versorgt uns ausreichend. Möglichst saisonale Ernährung ist preisgünstiger, schmeckt besser und ist besser für das Klima, weil sie unsinnige Transportwege erspart. Wer sich möglichst saisonal ernährt, leistet einen wichtigen Beitrag für den Klimaschutz und den Erhalt der regionalen bäuerlichen Landwirtschaft.

## Wir können biologische Lebensmittel einkaufen

Biologische Produkte verursachen im Durchschnitt mehr als ein Drittel weniger $CO_2$-Emissionen. Sie schonen das Grundwasser, die Böden und die Tiere. Und sie helfen, Ökosysteme und Vielfalt zu erhalten. Wer konsequent zu Bio greift, leistet einen wesentlichen Beitrag zum Schutz von Klima, Wasser, Böden und Tieren.

## Wir können regional erzeugte Lebensmittel bevorzugen

Regional erzeugte Lebensmittel haben viele Vorteile. Sie garantieren kurze Transportwege und damit einen wirkungsvollen Beitrag zum Klimaschutz. Der Kauf regional erzeugter Lebensmittel stärkt regionale Strukturen, lässt Wertschöpfung in der Region und schafft damit Arbeitsplätze in unserer Umgebung.

## Wir können fair gehandelte Produkte auswählen

Fair-Trade-Lebensmittel garantieren korrekte soziale Standards, einen Verzicht auf Kinderarbeit, eine bessere Bezahlung der Produzentinnen und Produzenten und meist Bioqualität. Wer konsequent faire Produkte auswählt, leistet einen wesentlichen Beitrag für mehr Gerechtigkeit auf diesem Planeten.

## Wir können weniger Fleisch essen

Die weltweite Fleischproduktion hat sich seit den 1970er-Jahren verdreifacht. Pro Jahr werden 60 Milliarden Landtiere geschlachtet, alleine in Österreich rund 80 Millionen. Das sind rund 9.000 geschlachtete Tiere pro Stunde. Ein einziger US-Amerikaner verzehrt im Durchschnitt in seinem Leben 21.000 Tiere. Die „Deutsche Gesellschaft für Ernährung" nennt 300 bis 600 g als Orientierungswert für den wöchentlichen Fleischkonsum, in Deutschland liegt der Realwert bei Männern jedoch bei 1,1 kg pro Woche. Der Wert bei den Österreichern liegt im Schnitt auf ähnlichem Niveau; Frauen konsumieren etwas über 600 g pro Woche.

In den USA, aber auch in Teilen Europas und Asiens schreitet der Konzentrationsprozess der Fleischindustrie dramatisch voran: Es existieren bereits Betriebsgrößen mit 100.000 Tieren, die Schlachtkapazitäten des globalen Fleischmultis JBS beispielsweise liegen bei 85.000 Rindern und 70.000 Schweinen täglich. Eine brutale Expansion der weltweiten Fleischkonzerne und eine weitere Intensivierung der Produktion vernichten Einkommensquellen für viele, machen das Überleben klein strukturierter bäuerlicher Landwirtschaft immer schwerer und minimalisieren die Produktauswahl für die Verbraucher.

Dieser Irrwitz verringert auch die tiergenetische Vielfalt und macht unsere Lebensmittelerzeugung daher anfälliger für Krisen und Krankheiten, fördert die Verwendung von Hormonen und anderer Chemie und blockiert weltweit unglaubliche Ackerflächen für die Erzeugung von Tierfutter: Der UN-Weltagrarbericht schätzt, dass Nutztierhaltung heute 70 Prozent der globalen Äcker und Weiden beansprucht. Würden Konsumentinnen und Konsumenten die Qualen von Tieren in industrieller Massentierhaltung sehen und erkennen, dann würde dies Konsequenzen haben. Das Leiden aber geschieht weitgehend im Verborgenen, ist meist nicht transparent.

Eine mögliche Antwort darauf wäre, Fleisch aus industrieller Massentierhaltung zu meiden und überhaupt weniger Fleisch zu essen. Ein Stück Biofleisch aus der Region kostet zwar deutlich mehr, seltener und bewusst gekauft hat es aber einen besonderen Wert. Karl Ludwig Schweisfurth, einst Chef von „Herta", der damals größten Wurst- und Fleischfabrik Europas, gibt heute ein Bekenntnis zu Biofleisch ab: „Lieber halb so viel, aber dafür dreimal so gut!" In seinem 2014 erschienenen Buch „Der Metzger, der kein Fleisch mehr isst …" erzählt er in zwölf berührenden Episoden, wie und warum er vom Großmetzger zum Biobauern und Flexitarier wurde.

Fleisch aus industrieller Massentierhaltung ist für immer mehr Konsumentinnen und Konsumenten Vergangenheit. Neue industrielle Agrarfabriken für die Massentierhaltung stoßen auf immer mehr Protest: Über 160 Bürgerinitiativen haben sich in Deutschland zum Netzwerk „Bauernhöfe statt Agrarfabriken" zusammengeschlossen, die Errichtung von 40 großen Tierfabriken wurde in den letzten Jahren gestoppt.

Weniger Fleisch, verantwortungsvoll ausgewählt – das bringt uns allen mehr. 2012 startete ich in Oberösterreich die Initiative „Fleischfreitag" (www.fleischfrei-tag.at). Sie wirbt für weniger Fleischkonsum, natürlich freiwillig. Bereits 70 Restaurants machen mit, verstärken das Angebot vegetarischer Gerichte und geben Information. Mit einem einzigen zusätzlichen fleischfreien Tag pro Woche könnten in Europa Dutzende Millionen Tonnen $CO_2$ pro Jahr eingespart werden – alleine in Österreich fast eine Million Tonnen.

## Wir können regionalen Fisch bevorzugen

Die Welternährungsorganisation FAO warnt, dass bereits ein Drittel der Meere überfischt und erschöpft ist, bereits 57 Prozent des Speisefischbestandes bis an die Grenze genutzt sind. Der Autor Jonathan Safran Foer hat für sein Buch „Tiere essen" Folgendes recherchiert: „Stellen Sie sich vor, man serviert Ihnen einen Teller Sushi. Und auf diesem Teller sind auch all die Tiere, die für Ihre Portion Sushi sinnlos mitgetötet wurden. Der Teller müsste einen Durchmesser von 1 Meter 50 haben!" Brauchbare Einkaufsratgeber für Fisch bieten Greenpeace (www.greenpeace.at) und der WWF (www.wwf.at).
Grundsätzlich gilt: Je regionaler wir unseren Fisch einkaufen, desto mehr wissen wir, unter welchen Bedingungen er gelebt hat. Aber auch da ist Information interessant: Zum Beispiel ist der Bestand europäischer Flusskrebsarten bedroht. Schuld daran ist vor allem sein Cousin aus den USA: der ursprünglich aus der Region der Rocky Mountains stammende Signalkrebs. Er entwischte in den 1970er-Jahren aus der Zucht in Europa und verdrängte zunehmend den Flusskrebs, vor allem durch das Übertragen der Krebspest, gegen die er selbst resistent ist. Heute leben in manchen Flüssen Millionen Signalkrebse. Signalkrebse werden regional immer stärker angeboten und schmecken ausgezeichnet (siehe Rezepte). Das schafft wieder Lebensraum für den Flusskrebs.

## Wir können vegetarisch oder vegan leben

Die Zahl der Vegetarierinnen und Vegetarier steigt in ganz Europa. Auch im deutschsprachigen Raum – hier geht die Forschung mittlerweile von 6 bis 9 Prozent konsequenter Vegetarierinnen und Vegetarier aus. Laut einer Studie des Marktforschungsinstitutes IFES ernähren sich in Österreich mehr als 700.000 Menschen vegetarisch oder vegan.

Je transparenter die Haltung, Aufzucht, der Transport und die Schlachtung in der industriellen Massentierhaltung werden, desto mehr Konsumenten und Konsumentinnen wenden sich von der Fleischindustrie ab. Mehr Information: www.vegetarier.at – die Zukunft isst vegetarisch! „Veganismus ist Lebenslust mit gutem Gewissen, denn Veganerinnen und Veganer respektieren die Rechte der Tiere, entlasten die Umwelt und fördern ihre Gesundheit", fasst die vegane Gesellschaft auf ihrer Homepage www.vegan.at zusammen. Hier werden Fragen beantwortet und Rezepte präsentiert.

## Wir können achtsam einkaufen

Jeder Einkauf ist eine politische Entscheidung. Beim Einkauf von Paradeisern im Supermarkt stehen wir möglicherweise vor drei verschiedenen Angeboten: Bio-Paradeiser, Paradeiser aus der Region oder Paradeiser aus der südspanischen Region Almería. Auf 40.000 Hektar werden dort unter dramatischen Bedingungen in Zigtausenden Plantagen und Gewächshäusern aus weißen Plastikplanen vorwiegend Paradeiser angebaut und von 110.000 skandalös schlecht bezahlten Landarbeiterinnen und Landarbeitern geerntet. Mit unserer Einkaufsentscheidung für eines der drei Angebote entscheiden wir, wohin unser Geld fließt, wen und welche Form des Wirtschaftens wir damit unterstützen.

Achtsam einkaufen, das bedeutet Einkaufen beim Direktvermarkter, am Bauernmarkt, beim kleinen Lebensmittelgeschäft, verantwortungsvollen Händlern oder bei Erzeugern, die direkt in die Stadt liefern. Bei den kleinen Strukturen in unserer Nähe, die es noch gibt. Achtsam einkaufen heißt, Verantwortung zu übernehmen.

## Wir können umweltverträglich einkaufen

Für die Umweltbilanz meines Einkaufs sind mein Weg zum Geschäft sowie die Verpackung genauso wichtig wie die Auswahl der Lebensmittel. Daher kurze Wege zu Fuß oder mit dem Fahrrad bewältigen, Öffis benützen, denn sie sind auch für den Einkauf brauchbar, den Baumwoll-Einkaufssack nicht vergessen und umweltverträgliche Geschäfte bevorzugen.

## Wir können beim Einkauf Vielfalt stärken

Der bewusste Kauf von B-Ware – also Lebensmitteln, die nicht der Norm entsprechen – ist ein Schritt zur Stärkung von Vielfalt. Die Wahl seltener Gemüsesorten ebenso. Aber auch alte und seltene Obstsorten brauchen unsere Unterstützung durch unsere Nachfrage als Konsumenten. Es geht um den Erhalt von Vielfalt – auch darüber entscheiden wir beim Einkauf.

## LEITUNGSWASSER STATT STILLEM MINERALWASSER

Wasser ist ein schönes Beispiel dafür, dass wir nicht jedem Vermarktungsschmäh auf den Leim gehen müssen. Die Versorgung mit sauberem, gesundem Trinkwasser ist ein Grundrecht, das flächendeckend zur Verfügung gestellt werden muss. Das funktioniert etwa in den meisten Regionen Österreichs recht gut.

Trotz der hohen Qualität des Leitungswassers greifen aber viele Konsumentinnen und Konsumenten zum stillen Mineralwasser. Macht das Sinn? In Deutschland verglich die „Stiftung Warentest" Leitungswasser und stilles Mineralwasser. Das überraschende Ergebnis: Mineralwasser ist nicht nur teurer, sondern oft auch von schlechterer Qualität als Leitungswasser – vor allem aufgrund weniger Mineralstoffe und leichter Verkeimungen bei einem Teil der getesteten Produkte (www.test.de).

## Wir können industrielle Fertigprodukte und Produkte der globalen Lebensmittelindustrie konsequent vermeiden

Die Lehren aus der Serie von Lebensmittelskandalen der letzten Jahre, wie etwa dem „Pferdefleischskandal" im Frühling 2013, wurden nicht konsequent gezogen: Nach wie vor ist beim Großteil der industriellen Fertigkost die regionale Herkunft der wesentlichen Rohstoffe nicht ausgewiesen. Der Lebensmittelindustrie ist es damit nach wie vor in ganz Europa möglich, Etikettenschwindel auf dem Rücken der Konsumentinnen und Konsumenten, aber auch der Bäuerinnen und Bauern zu betreiben. Wenn wir bei Lebensmitteln die Herkunft nicht eindeutig nachvollziehen können, sollten wir sie meiden und unser Geld jenen kleinen Strukturen geben, die es gut brauchen können und deren Produkte unser Vertrauen verdienen. Der deutsche Gastrosoph Harald Lemke meint: „Nur wenn die kritische Masse von Menschen weiter wächst, die etwas mehr Geld ausgeben für faire Preise, werden sich die Ökonomie und die Politik wie von selbst ändern. Jeder Kauf von Lebensmitteln bringt uns diesem Ziel näher oder rückt es weiter in die Ferne."

Durch diese einfachen Regeln beim Einkauf können wir diese Welt jeden Tag ein Stück positiv verändern: durch unser achtsames Handeln, durch selbstständige Entscheidungen. Jeder einzelne Beitrag ist wichtig, denn die Veränderung ist ein großes Mosaik, in dem jeder einzelne Baustein ein unverzichtbarer Teil ist. Jeder von uns entscheidet und trägt daher Verantwortung. Die Essensrevolution holt sich so Schritt für Schritt die Hoheit über den wichtigsten, lebensbestimmenden Teil unserer Gesellschaft – unsere Lebensmittel – von reinen Gewinninteressen zurück. Mit Genuss.

# WAS BRAUCHT ES FÜR „BESSER ESSEN"?
## — Yotam Ottolenghi

© Keiko Oikaw

Yotam Ottolenghi ist Kultkoch in London, führt mehrere Restaurants und hat erfolgreiche Kochbücher publiziert (www.ottolenghi.co.uk).

**1 Was läuft derzeit schief bei unserer Ernährung?**

Wir kaufen zu viel Essen, das dann in den Müll wandert. Letztes Jahr habe ich gelesen, dass die Briten jedes Jahr das Fleisch von rund 86 Millionen Hühnern wegwerfen; 35 % von verpackt gekauften Salaten ebenso. Ich denke, es passiert zu oft, dass „unbewusst" gegessen wird: schnelles Mittagessen vor dem Computer, Abendessen vor dem TV. Menschen essen ein gesamtes Menü, ohne den Geschmack zu bemerken.

**2 Was ist notwendig für „Besser Essen"?**

Wir müssen unseren Kindern positive Essgewohnheiten mitgeben: gemeinsames Essen am Tisch, ein- oder zweimal die Woche zusammen kochen und versuchen, Lebensmittel nicht zu verschwenden. Das sind ganz einfache, kleine Maßnahmen, die zu Hause und in der Schule gut umgesetzt werden können. Ich bin sehr zuversichtlich, dass wir uns in die richtige Richtung bewegen, dass Menschen offen sind für Essgewohnheiten – Veganismus und Vegetarismus zum Beispiel –, die negativ besetzt waren.

 **Wie versuchst du, das zu leben?**

Ich ernähre mich völlig uneingeschränkt – ich esse alles. Aber ich esse nicht jeden Tag Fleisch, und sowohl zu Hause als auch in meinen Restaurants wandern unglaublich wenige Lebensmittel in den Müll. Zu Hause esse ich immer alle Reste – vieles schmeckt einfach am nächsten Tag noch besser. Oder man haucht dem Rest vom Vortag mit ein wenig Fantasie neues Leben ein. Unser Küchentisch ist der absolute Mittelpunkt unseres Zuhauses. Alleine essen oder arbeitend vor dem Computer fühlt sich für mich instinktiv total falsch an.

**④ Was wünschst du dir diesbezüglich von der Politik?**

Es braucht weitere Maßnahmen zur Vermeidung von Lebensmittelmüll: Multipack-Angebote von Supermärkten können vermieden, die Lagerung zur längeren Haltbarkeit einiger Produkte verbessert, unterschiedlich große Portionen von Speisen angeboten werden. Kundinnen und Kunden dürften kurz vor Ladenschluss nicht mehr das gesamte Sortiment erwarten (was zur Überproduktion mancher Produktlinien und sinnloser Verschwendung führt) und es bräuchte klarere Kennzeichnungen, um Lebensmittel nicht unnötig wegzuwerfen.

# SELBSTSTÄNDIG DURCH SELBST GEZOGENES GEMÜSE

**B**esser Essen" bedeutet auch, eine neue Beziehung zu Lebensmitteln aufzubauen. Wie geht das wohl besser, als selbst zu „garteln"? Daher erlebt die Rückkehr zum selbst gezogenen Gemüse einen enormen Boom. Immer mehr Menschen wollen wieder Herr beziehungsweise Herrin über die eigene Ernährung sein, Sicherheit über das eigene Essen erlangen. Und wirklich: Biogemüse frisch vom eigenen Garten oder Balkon schmeckt einfach unübertroffen gut.

## Vom Gartenbesitzer zum Gemüsegärtner

Die wirksamste weltweite Werbeträgerin fürs Garteln ist wohl Michelle Obama, die im Weißen Haus medienwirksam einen großen Biogemüsegarten angelegt hat. Idee und Initiative dazu kam von der US-Organisation „Kitchen Gardeners International" (www.KIG.org), die sich zum Ziel gesetzt hat, aus Gartenbesitzerinnen und -besitzern Gemüsegärtnerinnen und -gärtner zu machen. Sie wartet auf ihrer Homepage mit vielen spannenden Tipps für Anfänger und Fortgeschrittene auf. Wie schon lange davor Eleanor Roosevelt hat Michelle Obama mit ihrer Initiative 2009 einen Trend massiv verstärkt. Buchtipp: „American Grown: The Story of the White House Kitchen Garden and Gardens Across America" (Crown Publishing).
Wer das Privileg eines eigenen Gartens hat, sollte diesen Schritt für Schritt nicht nur für Wiese und Blumen nützen, sondern auch das eine oder andere Gemüse integrieren. Wahrscheinlich macht dies Lust auf mehr. Gärten sind Experimentierflächen, Rückzugsflächen, Versor-

gungsflächen – für Mensch, Pflanze und Tier und gerade auch für alte Gemüsesorten. Die Kreisläufe der Natur erfahren, sich über das Erscheinen der Nützlinge freuen, die Qualität der Böden achten und bearbeiten lernen, die Nachbarschaftskultur einzelner Pflanzen kennenlernen. Die ersten Beeren für das morgendliche Müsli im eigenen Garten ernten, eine sonnengereifte Tomate von der Staude nehmen, ihren Geruch genießen und sie auf einem Butterbrot verkosten: Das sind besondere Genüsse.

Sich Zeit lassen und kleine Schritte verwirklichen, ist beim Garteln in unserem kleinen Naturdschungel meine Devise. Es muss nicht gleich die weitgehende Selbstversorgung sein, für die rund 70 Quadratmeter Bodenfläche pro Person benötigt werden. Kräuter, Kürbis, Gurken, Zucchini, Paradeiser, Salat und Auberginen waren meine Startversuche. Mit gutem Erfolg – bis eine unheimliche Schneckeninvasion erfolgte. Ute Woltron spendet in ihrem wunderbaren Buch „Warum schmecken Maulbeeren am besten nackt?" Trost: „Das Scheitern als Tugend zu erkennen zeichnet sowohl Köchinnen und Köche als auch diejenigen aus, die große und kleine Gärten bestellen. Wer nie gescheitert ist, steht erst am Anfang ..."

Auch Fachbücher sind behilflich: Das „Handbuch Bio-Gemüse" von „Arche Noah" (Löwenzahn Verlag) ist mein Tipp. Darin wird auf 632 Seiten eine Vielzahl leicht verständlicher Ratschläge vom Pflanzen bis zur Ernte (und für die Auseinandersetzung mit Schnecken) gegeben. Im Fokus steht natürlich auch besonders das Gründungsziel der „Arche Noah": das Engagement für Vielfalt, auch durch Samen und Pflanzen alter Sorten, die unter www.arche-noah.at bestellbar sind. Denn Agrar- und Lebensmittelindustrie arbeiten mit Hochdruck und – noch –

mit Erfolg an der Vereinheitlichung und damit besseren kommerziellen Verwertung und erhöhten Kontrollierbarkeit der Pflanzen: Nach Schätzung der Welternährungsorganisation FAO sind seit Anfang des 20. Jahrhunderts bereits 75 Prozent der Kulturpflanzenvielfalt unwiederbringlich verschwunden. Da braucht es eine starke Gegenwehr, in der Politik, durch die Zivilgesellschaft, aber auch in den eigenen Gärten. So entstehen Zehntausende grüne Inseln. „Viele Gärtnerinnen und Gärtner sind Amateure und dies im positivsten Sinn des Wortes: Im Wort steckt die lateinische Wurzel ‚amare'. Amateurinnen und Amateure sind Menschen, die lieben, was sie tun ... In der gesamten Menschheitsgeschichte sind es immer diese Amateure gewesen, die die Vielfalt bewahrt haben", so das Credo von „Arche Noah".

## Den Balkon und das Wohnzimmer fürs eigene Gemüse nützen

Wer keinen eigenen Garten besitzt, hat dennoch alle Möglichkeiten auf eigenen Genuss: Ein kleiner Balkon bietet mehr Platz für das eigene Gemüse, als man glauben möchte. Gerade auf der kleinsten grünen Einheit der Stadt ist gute Planung angesagt: lieber weniger, aber dafür ausreichend große Töpfe, gute, torffreie Erde, konsequentes Gießen und bald lassen sich die ersten Beeren, Kräuter, Gurken, Paradeiser auch am Balkon ernten. Ein nicht unwesentlicher Tipp: auf die Statik achten – pro Liter wassergesättigter Erde ist etwa ein Kilo Gewicht anzunehmen. Und wer keinen Balkon nützen kann: eine Fensterbank für eine wilde Mischung an Kräutern erfüllt ebenfalls ihren Zweck.

## Aktiv werden beim Urban Gardening

In ganz Europa schießen derzeit Urban-Gardening-Projekte aus dem Boden. In Oberösterreich etwa entstand die erste Gruppe 2008 in Leonding, heute sind es alleine in diesem Bundesland Dutzende Projekte, unterstützt und betreut durch das Land Oberösterreich. Bei diesen Projekten schließen sich Interessierte zusammen und bewirtschaften gemeinsam

gepachteten Boden. Gemeinsames Pflanzen, Bearbeiten und Ernten: Das ist sozialer Kontakt und bringt Lernerfolge. Gute Tipps für bestehende und neue Gruppen gibt es in Christa Müllers Buch „Urban Gardening", bei www.bodenbuendnis.or.at, www.urbanfarm.at, bei Klimabündnis und Bodenbündnis und direkt bei den vielen Gruppen vor Ort. Sie teilen Ihre Erfahrungswerte gerne.

## Das große Comeback der Schulgärten

Lange war es Normalität, aber in den letzten Jahrzehnten hat sich auch im Umfeld der Schulen „der Fortschritt" durchgesetzt. Vielfach ist der Asphaltplatz und bestenfalls eine Wiese samt Zierpflanzen an den Platz des früheren Schulgartens getreten. Heute feiert der Schulgarten ein Comeback mit Tausenden verschiedenen Projekten und Ideen – essbare Pflanzen setzen sich wieder durch; das Anpflanzen, die Betreuung der Beete und das anschließende Verkochen der Ernte werden direkt in den Unterricht integriert.
Mehr zum Beispiel auf www.slowfood-styria.com und über den OÖ. Schulgartenwettbewerb auf www.anschober.at.

## Essbares ersetzt die Zierpflanze im öffentlichen Raum

Warum müssen Parks, Grünstreifen und Grünflächen ausschließlich aus Rasen und Zierpflanzen bestehen? Auch hier beginnt die Gegenbewegung zu greifen: ein Beispiel ist die deutsche Gemeinde Anderach. Statt Geranien und Rosen wachsen an der Stadtmauer nun Kohlrabi und Schnittlauch. Anderach wurde bekannt als „essbare Stadt". Gemüse in so manchen Stadtparks, essbare Sträucher an Kinderspielplätzen, Bienenstöcke am Rathaus: Das ist schon vereinzelt die Gegenwart, die Zukunftsdiskussion wird eine spannende. Mit Gemüse und Obst bepflanzte Parks, Grünstreifen und Gemeinden sind Symbole für den neuen Wert von Lebensmitteln. Symbole für unsere Sehnsucht, die Entfremdung von der Natur zu beenden.

# WAS BRAUCHT ES FÜR „BESSER ESSEN"?
## — Ute Woltron

© Privat

Ute Woltron ist Autorin in Ternitz (www.utewoltron.at).

**1** **Was läuft derzeit schief bei unserer Ernährung?**

Man muss nur offenen Auges durch einen Supermarkt gehen und diese Frage beantwortet sich von selbst: massenhaft ungesundes, fettes, süßes, mit Chemikalien gefärbtes und haltbar gemachtes Zeug. Convenience-Food für kulinarische Analphabeten. Wir stehen in völliger Beziehungslosigkeit zu den Tieren, die für uns geschlachtet wurden. Wir essen nicht nur zu viel, sondern auch den ganzen Mist, den man uns vorsetzt. Wir kaufen ihn allerdings gerne, weil wir entweder zu faul sind zu kochen oder weil wir das gar nicht mehr können.

**2** **Was ist notwendig für „Besser Essen"?**

Nur jedes zehnte Stück Fleisch und prinzipiell viel weniger essen. Nach frischem Obst und Gemüse Ausschau halten oder es selber anbauen, wenn man in der Gnade ei-

nes Gärtchens steht. Die Sortenunterschie-
de wieder schmecken – und vor allem
kochen lernen.

**③ Wie versuchst du, das zu leben?**

Wer selbst ein Tier schlachtet, bekommt
in der Sekunde eine andere Beziehung zu
Fleisch. Ich esse kaum große Tiere und wenn
schon Fleisch, dann Huhn oder Fisch. Ich
kaufe bevorzugt Bio-Produkte, auch wenn
sie teurer sind. Die Ausgabendifferenz mache ich locker durch den reduzierten Fleischkonsum wett.

**④ Was wünschst du dir diesbezüglich von der Politik?**

Ich wünsche mir eine Politik, die Menschen
und nicht Konzerne in den Mittelpunkt rückt.
Ich wünsche mir Schulen, in denen Kinder
mit Freude alles über das Leben, über unsere Welt gestern, heute und morgen lernen und zu mündigen, gescheiten, selbst-
bewussten Erwachsenen heranreifen. Ich
wünsche mir inbrünstig, dass die Novel-
le der EU-Saatgutverordnung gekippt wird
und suche dringend Verbündete, bevor es
zu spät ist. BITTE: http://www.utewoltron.at/
blog/die-blauen-blumen-der-hoffnung

# REZEPTE
# DES
# SOMMERS

**J**etzt beginnt das wahre Feuerwerk für die Sinne. Der Sommer bringt uns wunderbare Schätze: die ersten sonnengereiften Paradeiser, Himbeeren, den lange verkannten Fenchel. Wochenmärkte, das Lebensmittelgeschäft in der Nachbarschaft, unser eigener kleiner Gemüseacker und der Balkon sind jetzt voller Gemüse und Obst, Früchte, Beeren und Kräuter.

Je größer die Vielfalt, desto höher ist bei mir die Sehnsucht nach einer neuen Einfachheit in der Küche, die die Geschmäcker direkter, klarer, authentischer genießen lässt. Zum Beispiel ein frisches Butterbrot mit Schnittlauch. Oder mit Radieschen. Oder eine einfache Gemüsemischung im Rohr. Weniger ist mehr. Und: Jetzt ist die Zeit des Vorkochens, Einkochens und Einfrierens. So entsteht etwa der Wintervorrat von verschieden verarbeiteten Paradeisern.

# Das gibt's im Sommer regional:

vom

- Artischocke
- Apfel
- Basilikum
- Beifuß
- Birne
- Blattsalat
- Bohnen
- Bohnenkraut
- Brunnenkresse
- Brokkoli
- Brombeere
- Dill
- Endivien
- Erbsen
- Erdäpfel
- Erdbeere
- Estragon
- Fenchel
- Gurke
- Heidelbeere
- Himbeere
- Karfiol
- Karotten
- Kirschen
- Kohlrabi

- Koriandergrün
- Kresse
- Kukuruz (Mais)
- Lauch
- Liebstöckel
- Majoran
- Mangold
- Melanzani
- Melone
- Minze
- Mirabelle
- Nektarine
- Oregano
- Paprika
- Paradeiser
- Pastinaken
- Petersilie
- Pfirsich
- Radieschen
- Rauner (Rote Rüben)
- Rettich
- Ribisel
- Rosmarin
- Rotkraut

- Rucola
- Salat
- Salbei
- Schalotten
- Schwammerl
- Schnittlauch
- Sellerie
- Spinat
- Stachelbeere
- Stangensellerie
- Thymian
- Weintraube
- Weißkraut
- Zitronenmelisse
- Zucchini
- Zwetschke
- Zwiebel

**Und das koche ich daraus ›››**

# PAPPA – PARADEISER-BROTSUPPE

**vegan**

## Zutaten

**für 4 Personen:**

1,5 kg Paradeiser

1 große weiße Zwiebel

3 Knoblauchzehen

Olivenöl

Salz

Pfeffer

altbackenes Brot

1 Handvoll Basilikum, klein gehackt

1 l Gemüsebrühe

## Zubereitung

Die Paradeiser vierteln und entkernen; danach leicht zerstampfen oder pürieren. Eine weiße Zwiebel und die Knoblauchzehen fein hacken, in Öl andünsten. Paradeiser dazugeben und alles mit Salz und Pfeffer abschmecken, Gemüsebrühe beigeben. Im Topf die Suppe eine Stunde oder mehr bei kleiner Temperatur vor sich hin köcheln lassen. Gewürfeltes, altbackenes Brot und Basilikum beigeben und noch zehn Minuten weiterköcheln lassen. Abschmecken mit Salz, Pfeffer, Öl und mit gerösteten Brotwürfeln garnieren. Fertig ist der italienische Geschmackstraum.

Die Suppe kann auch für die kalten Wintertage eingefroren werden. Dann mit etwas Chili oder Tabascosoße aufpeppen. Mitgebracht habe ich das Rezept aus einem kleinen Landgasthof in der Nähe von Siena.

**Gut zu wissen:** In Italien gibt es die Sage, dass die Paradeiser-Brotsuppe das älteste italienische Gericht überhaupt sei. Gekocht sollte sie dann werden, wenn die Paradeiser richtig reif sind und keine langen Lagerungszeiten hinter sich haben.

---

# OLÉ! VEGANE BROTSUPPE AUS DEM SÜDEN

**vegan**

## Zutaten

**für 4 Personen:**

4 Knoblauchzehen

80 g geschälte Mandeln

1 l Gemüsebrühe

2–3 Scheiben Weißbrot vom Vortag

1 Schuss Essig nach Geschmack

Salz, Pfeffer, Saft einer Zitrone

Olivenöl

1 Handvoll gemischter Kräuter, fein gehackt

## Zubereitung

Die Knoblauchzehen und die geschälten Mandeln klein hacken und in einem Liter Gemüsebrühe eine halbe Stunde köcheln lassen. Brot in kleinen Stücken in die Suppe geben. Nach weiteren 20 Minuten die Suppe pürieren und mit Öl, Zitronensaft, Salz und Pfeffer abschmecken. Wichtig ist nun zum Verfeinern die Auswahl eines milden Essigs: Gut passt etwa Weinessig oder Sherryessig. Davon ein Schuss genügt. Kräuter einrühren und fertig. Entweder warm essen oder abkühlen lassen. Mitgebracht habe ich dieses Rezept aus Barcelonetta, meinem Lieblingsplatz in Spanien.

# BAUERNSUPPE AUS PERUGIA

## Zutaten

**für 4 Personen:**

150 g Bohnen

200 g Erdäpfel

1 große weiße Zwiebel

2 Stangen Staudensellerie

200 g Karotten

1 Handvoll Petersilie

Rapsöl

200 g Mangold

200 g Babyspinat

1 Zucchini

250 g geschälte Paradeiser

1 EL getrockneter Estragon

Zitronensaft

1 l Wasser

## Zubereitung

Ein Rezept direkt aus Perugia: Bohnen 24 Stunden einweichen, Erdäpfel klein schneiden. Zwiebel, Staudensellerie, Karotten und Petersilie klein hacken und in Öl anbräunen. Gehackten Mangold, Babyspinat, Zucchini und geschälte Paradeiser zerkleinern und in den Topf geben. Nach einigen Minuten einen knappen Liter Wasser beigeben, die geachtelten Erdäpfel hinzufügen und alles 15 Minuten kochen. Nun die Hälfte der in Salzwasser gekochten Bohnen pürieren, Estragon beigeben, mit etwas Zitronensaft, Salz und Pfeffer abschmecken und gemeinsam mit der zweiten Hälfte der ganzen Bohnen auf kleiner Temperatur mindestens zwei Stunden köcheln lassen.

**Tipp:** Die Suppe wird mit jedem Mal Aufwärmen noch ein bisschen besser. Ich habe dieses Rezept von einem Klimaschutzkongress in Perugia mitgebracht.

---

# SIGNALKREBSSUPPE

## Zutaten

**für 4 Personen:**

Suppengemüse (Karotten, Sellerie, Lauch)

etwas Zucker

2 EL Paradeisermark

¼ l Weißwein

400 g Fischfond

¼ l Paradeisersaft

Salz, Pfeffer

Knoblauch

Lorbeer

¼ l Schlagobers

etwas Sauerrahm

300 g Krebsfleisch (geschnitten und gekocht)

## Zubereitung

Eine Handvoll klein gehackte Mischung aus Karotten, Sellerie und Lauch anbraten, mit etwas Wasser aufgießen und eine halbe Stunde köcheln lassen. Etwas Zucker und Paradeisermark beigeben und mit dem Weißwein ablöschen. Fischfond und Paradeisersaft dazugeben, mit Salz, Pfeffer, Knoblauch und Lorbeer würzen. Eine halbe Stunde köcheln lassen und alles passieren. Obers sowie etwas Sauerrahm beigeben und zum krönenden Abschluss geschnittenes, kurz gekochtes Krebsfleisch zufügen. Noch einmal alles kurz aufkochen – und fertig ist die Suppe.

# CAPONATA – EIN SOMMER-GEDICHT AUS GEMÜSE

## Zutaten

**für 4 Personen:**

3 kleine Melanzani

Olivenöl

1 Handvoll gehackte, getrocknete Paradeiser

1 große weiße Zwiebel

2 Staudensellerie oder Fenchelknollen

1 Handvoll Kräuter

Balsamico

500 g kleine Paradeiser

Pfeffer

Petersilie

Pinienkerne

Salz

Zucker

## Zubereitung

Melanzani je nach Größe geviertelt oder geachtelt 20 Minuten in Wasser einlegen und anschließend ebenso lange in reichlich Rapsöl bei niedriger Temperatur herausbraten. Zur Halbzeit eine Handvoll klein gehackte getrocknete Paradeiser dazugeben. Nach 20 Minuten die klein gehackte Zwiebel sowie 2 klein geschnittene Staudensellerie oder 2 geviertelte kleine Fenchelknollen beimischen. Das Gemüse nochmals ca. 15 Minuten köcheln lassen und zuletzt die kurz angebratenen Kräuter, einen Schuss Balsamico sowie die im Backrohr mit Salz, Pfeffer und etwas Zucker 20 Minuten lang angebratenen, halbierten Paradeiser dazugeben. Mit Pfeffer gut abschmecken und nochmals bei kleiner Hitze 15 Minuten köcheln lassen. Nun mit Petersilie mischen und mit einer Handvoll frisch gerösteter Pinienkerne bestreuen.

# GEMÜSEWÜRZE

— von **Ute Woltron**

Geputztes Wurzelgemüse aller Art und nach Belieben (Karotten, Gelbe Rüben, Wurzelpetersilie, Knollensellerie …) gemeinsam mit Lauch, Zwiebeln, Knoblauch und Kräutern wie Liebstöckel, Majoran, Petersilie durch das feinste Sieb eines Fleischwolfs drehen. Pro Kilogramm mit etwa 180 g Salz vermischen und in Gläser füllen.
Die Mischung hält bis zum nächsten Sommer und kann als Suppenwürze, zum Aromatisieren von Ragouts und Soßen verwendet werden.

**Gut zu wissen:** Das ist mein Lieblingsrezept als Ersatz für den industriell hergestellten „Suppenwürfel". Diese Würze ist in jeder Küchenlebenslage superpraktisch und seither habe ich nie wieder Suppenwürfel verwendet.

# MELANZANIPFANNE

## Zutaten

**für 4 Personen:**

2 Melanzani

Rapsöl

2 gepresste Knoblauchzehen

200 g Kirschparadeiser

½ l passierte Paradeiser

Zucker

Salz

Oregano

1 große Mozzarella-Kugel
aus Kuhmilch

## Zubereitung

Melanzani in 2 cm große Würfel schneiden, in Rapsöl scharf anbraten und in eine feuerfeste Form geben. Mit gepresstem Knoblauch einreiben, Kirschparadeiser beigeben und mit den passierten Paradeisern aufgießen, etwas Zucker, Salz und viel gehackten Oregano beigeben. Bei 180 °C 45 Minuten backen, mehrfach umrühren. Aus dem Backrohr nehmen, Mozzarella direkt auf den Auflauf reiben und leicht schmelzen lassen. Dann wieder ins Rohr geben und bei 200 °C 10 Minuten aufbacken.

**Tipp:** Dazu schmecken Bandnudeln.

# MELANZANI-CANNELLONI

## Zutaten

**für 4 Personen:**

2 kleine rote Zwiebeln

2 Knoblauchzehen

1 EL Paradeisermark

1 EL Rohrzucker

450 g sonnige Paradeiser

Salz

Pfeffer

2 Melanzani

Rapsöl

1 Scheibe altbackenes Brot

100 ml Milch

2 Eier

2 Handvoll klein gehackte
Kräuter

200 g Schafkäse

2 rote Paprika, klein gehackt
und im Rohr gegrillt

## Zubereitung

Zwiebeln und Knoblauch fein hacken und andünsten, einen Löffel Paradeisermark und Zucker beifügen. Ebenfalls recht fein gehackte sonnige Paradeiser und klein gehackte, im Rohr gegrillte Paprika hinzugeben und die Masse 20 Minuten bei geringer Hitze köcheln lassen. Mit Salz und Pfeffer abschmecken. Melanzani in feine Scheiben schneiden und kurz in Öl anbraten. Brot kleinwürfelig schneiden, mit 100 ml heißer Milch übergießen und kurz rasten lassen. Eier und gehackte Kräuter beifügen und mit der Hälfte der Paradeiser-Masse vermischen. Nun die angebratenen Melanzanischeiben mit ein wenig von der Masse belegen, diese zu Cannelloni aufrollen und mit einem Zahnstocher fixieren. Die Röllchen in einer Auflaufform verteilen, die restliche Paradeisermasse darübergießen und 30 Minuten bei 190 °C backen. Nun mit gewürfeltem Schafkäse belegen und weitere 15 Minuten backen.
Dieses Rezept wurde mir bei einer Kochshow geschenkt.

# PARADEISERKUCHEN

— in Anlehnung an das Rezept in: Gabriele Kunkel, „Ein italienischer Sommer", Gräfe & Unzer Verlag

## Zutaten

**für 1 Kuchen:**

700 g Paradeiser

150 g Ziegenweichkäse

2 Zweige Rosmarin

1 Handvoll Pinienkerne

Blätterteig

## Zubereitung

Paradeiser oben abschneiden, leicht aushöhlen und mit dem Ziegenweichkäse füllen. Alles mit viel Rosmarin bestreuen und in eine gefettete Tarteform stellen. Die Zwischenräume mit gerösteten Pinienkernen und Rosmarin füllen. Blätterteig darüberlegen, mit einer Gabel einstechen. Bei 180 °C rund 25 Minuten backen, auf einen Teller stürzen.

# TARTE AUS SIGNALKREBSEN

## Zutaten

**für 4 Personen:**

klassischer Mürbteig
(siehe S. 23)

**Für den Belag:**

2 weiße Zwiebeln

¼ kg Signalkrebsfleisch

Cayennepfeffer, Koriander

3 Eier, 150 ml Schlagobers

50 g geriebener würziger
Hartkäse

## Zubereitung

Den Teig vorbereiten, ausrollen, ausstechen und damit 4 kleine Tarteformen auskleiden. Bei 180 °C 10 Minuten blindbacken und weitere 7 Minuten festbacken. Anschließend klein gehackte Zwiebeln in Öl weich dünsten und abkühlen lassen. Das Krebsfleisch kurz kochen und zerkleinern. Mit Zwiebeln, Cayennepfeffer und gehacktem Koriander vermischen und alles auf der Tarteform verteilen. Eier, Schlagobers und Käse vermischen und auf die Tarte geben. Anschließend bei 190 °C eine halbe Stunde backen.

# GEFÜLLTE ZUCCHINI

## Zutaten

**für 4 Personen:**

4 Zucchini

1 kleine Lauchstange

2 Knoblauchzehen

Rapsöl

¼ kg sonnige, kleine Paradeiser

2 Handvoll Kräuter

150 g Schafkäse

## Zubereitung

Zucchini der Länge nach halbieren und das Kerngehäuse auskratzen. Lauchstange dünn schneiden und mit fein gehacktem Knoblauch in Rapsöl anbraten. Mundgerecht geschnittene Paradeiser hinzufügen und ausgiebig köcheln lassen. Fein gehackte Kräuter und klein gewürfelten Schafkäse beigeben und abschmecken. Die Zucchini mit dieser Masse füllen und 30 Minuten bei 180 °C backen.

# VENEZIANISCHER FENCHEL

## Zutaten

**für 4 Personen:**

2 Fenchelknollen

1 Zwiebel

1 Knoblauchzehe

Butter

Öl

Lorbeerblatt

2 EL Paradeisermark

¼ kg kleine geschälte

Paradeiser

Thymian

500 g Tagliatelle

frisch geriebener, würziger

Hartkäse

## Zubereitung

Fenchel in mundgerechte Stücke schneiden, Fenchelgrün fein hacken. Zwiebel und Knoblauch fein würfeln. Butter und Öl in einem Topf erhitzen, darin die Zwiebel- und Knoblauchwürfel glasig dünsten. Fenchel, Lorbeerblatt und Paradeisermark zugeben und alles kurz anrösten. Ein halbes Glas geschälte Paradeiser und fein gehackten Thymian beigeben und alles rund zehn Minuten kochen. Als Beilage Tagliatelle vorbereiten, mit der Fenchelsoße vermischen und mit Käse bestreuen.

**Gut zu wissen:** Fenchel ist für mich eine echte Wunderknolle. Als ich vor rund zehn Jahren meine erste Biokiste geliefert bekam, erkannte ich den darin enthaltenen Fenchel zunächst gar nicht. Aber das Tolle an der Biokiste ist unter anderem: Kochrezepte liegen bei. Und mit diesem „Venezianischen Fenchel" lernte ich die Knolle zu lieben.

# FENCHEL-ZITRONEN-RISOTTO

## Zutaten

**für 4 Personen:**

1 weiße Zwiebel

1 Knoblauchzehe

1 Fenchelknolle

geriebene Zitronenschale

300 g Risottoreis

⅛ l Weißwein

1 l Gemüsebrühe

frisch geriebener würziger

Hartkäse

Butter

Zitronensaft

Fenchelgrün

## Zubereitung

Die fein gehackte weiße Zwiebel, den klein gehackten Knoblauch, den fein geschnittenen Fenchel und die geriebene Schale einer Zitrone einige Minuten anschwitzen. Risottoreis beigeben, salzen und nach 1 Minute mit dem Weißwein ablöschen. Schrittweise mit einem Liter Gemüsebrühe aufgießen, vom Herd nehmen, mit einer Handvoll Käse, etwas Butter und dem Saft der Zitrone abschmecken; zuletzt das gehackte Fenchelgrün einrühren.

**Tipp:** Ohne Reis und Brühe und mit etwas Obers aufgegossen auch köstlich als Pastasoße.

# FENCHEL AUS DEM BACKROHR

## Zutaten

**für 4 Personen:**

6 Paradeiser oder Cocktail-
tomaten an den Rispen

3 Fenchelknollen

Butter

½ l Gemüsebrühe

Kräuter nach Wahl

Fenchelgrün

Salz, Pfeffer und Zucker nach
Geschmack

## Zubereitung

Paradeiser vierteln und 10 Minuten im Rohr bei 120 °C backen. Fenchel vierteln und in Butter anbraten. Mit der Gemüsebrühe aufgießen und eine halbe Stunde auf kleiner Flamme kochen lassen. Mit Kräutern nach Wahl abschmecken, gemeinsam mit den Paradeisern auf den Teller geben, durchmischen und mit gehacktem Fenchelgrün dekorieren.

# LASAGNE VERDE

## Zutaten

**für 4 Personen:**

½ kg Blattspinat oder Bärlauch

2 weiße Zwiebeln

2 gehackte Knoblauchzehen

Öl

Salz

Pfeffer

Muskat

150 g würziger Weichkäse

150 g würziger Hartkäse

ein Schuss Milch

1 Handvoll Kräuter

4 Paradeiser

Butterflocken

Lasagneblätter

## Zubereitung

Blattspinat oder Bärlauch, die fein gehackten Zwiebeln und Knoblauchzehen in Öl andünsten, mit Salz, Pfeffer und Muskat abschmecken. Zerteilten Weichkäse und geriebenen Hartkäse mit etwas Milch gut verrühren, mit gehackten Kräutern, Salz und Pfeffer abschmecken. Vier in Scheiben geschnittene Paradeiser als Boden in eine Auflaufform legen, Lasagneblätter darauf verteilen. Anschließend die Hälfte der Spinatmasse und der Käsemasse darauf verteilen, gefolgt von einer weiteren Schicht Lasagneblätter. Schließlich die zweite Hälfte der Spinatmasse und der Käsemasse und die letzte Schicht Lasagneblätter hineingeben. Mit dem restlichen Käse und den Butterflocken abschließen und bei 150 °C im Rohr backen, bis die Lasagne eine schöne goldbraune Farbe hat und die Teigblätter weich sind.

# ZUCCHINIFRITTATA

## Zutaten

**für 4 Personen:**

5 Eier

1 Handvoll Parmesan

1 Handvoll gehackte Kräuter

1 Zucchini

Pfeffer, Salz

Butter

## Zubereitung

Eier mit frisch geriebenem Parmesan und frischen Kräutern vermischen. Zucchini in feine Scheibchen hobeln, unterziehen und mit Salz und Pfeffer abschmecken. Butter in einer Pfanne schmelzen, die Zucchini-Eier-Masse hineingeben und auf kleiner Flamme acht Minuten am Herd backen.

**Tipp:** Generell ist die italienische Frittata ausgezeichnet zur Resteverwertung geeignet: etwa mit Zwiebeln, Pilzen oder Fisch.

# BASKISCHE BOHNEN

## Zutaten

**für 4 Personen:**

½ kg Stangenbohnen

¼ l Milch

120 g Mehl

Salz

1 Ei

Rapsöl

## Zubereitung

Die Stangenbohnen 5 Minuten kochen. Aus Milch, Mehl, Salz und Ei einen Backteig mixen und ihn zwei Stunden in den Kühlschrank geben. Anschließend die gekochten Bohnen durch den Teig ziehen und in Öl herausbacken.

**Gut zu wissen:** Diese Einfachheit, die süchtig macht, habe ich von einem Anti-Gentechnik-Kongress in Bilbao mitgebracht.

# PANIERTE PARADEISER

## Zutaten

**für 4 Personen:**

2–3 Paradeiser pro Portion, je nach Gusto und Größe

1 Handvoll geriebener Parmesan

Semmelbrösel, Mehl

Eier

Rapsöl

1 kleine Handvoll gehackte Petersilie

## Zubereitung

Paradeiser (Menge je nach Appetit) in dicke Scheiben schneiden, Kerne entfernen. Semmelbrösel mit Parmesan mischen. Die Paradeiser nacheinander in Mehl, die Ei- und die Parmesanmasse eintauchen und in heißem Rapsöl herausbacken, abtropfen lassen und mit reichlich Petersilie bestreuen.

# ZWEIMAL EINFACH GUTE NUDELN

## Zutaten I

**für 4 Personen:**

500 g Nudeln nach Wahl

1 Handvoll Kräuter

2 Knoblauchzehen

120 g Butter

1 Handvoll geriebener Hartkäse

Salz, Pfeffer und Muskat nach Geschmack

## Zubereitung I

Fürs Kochen keine Zeit? Dafür schon! Nudeln nach Wahl al dente kochen. Kräuter klein hacken, 2 Knoblauchzehen ausdrücken und in Butter anbraten. Nudeln darauf, vermischen mit der Masse und etwas geriebenen Hartkäse darüberstreuen.

## Zutaten II

**für 4 Personen:**

500 g Nudeln nach Wahl

2 Knoblauchzehen

2 kleine milde Pfefferoni

Rapsöl

Salz, Pfeffer, Muskat und Kräuter nach Geschmack

## Zubereitung II

2 Knoblauchzehen pressen, 2 kleine, milde, frische Pfefferoni fein hacken. Alles in Rapsöl anbraten und mit den al dente gekochten Nudeln vermischen.

---

# ZUCCHINIPASTA PRONTO

vegan

## Zutaten

**für 4 Personen:**

1 kleine Chili

1 weiße Zwiebel, fein gehackt

2 Knoblauchzehen, fein gehackt

Rapsöl

4 Zucchini

500 g Bandnudeln

Salz, Pfeffer, Muskat und Kräuter nach Geschmack

## Zubereitung

Eine fein geschnittene rote Chili nach Geschmack, die fein gehackte Zwiebel und die gehackten Knoblauchzehen in Rapsöl anbraten. Vier Zucchini schälen und in feine Längsstreifen schneiden, dazugeben, gut durchmischen, anbraten und abschmecken. Bandnudeln dazu und fertig ist ein tolles Essen.

# PARADEISERPENNE EL CLASSICO

## Zutaten

**für 4 Personen:**

100 g Kapern

2 Knoblauchzehen

1 Handvoll Basilikum

½ kg Paradeiser

Olivenöl

1 Handvoll Semmelbrösel

1 Handvoll frisch geriebener Hartkäse

ca. 500 g Penne

## Zubereitung

Paradeiser vierteln und ohne Samen mit der Schnittfläche nach oben in eine gefettete Auflaufform legen. Kapern mit Knoblauch und Basilikum fein hacken und darübergeben. Mit Olivenöl beträufeln und mit der Brösel-Käse-Mischung bestreuen. Nun bei 150 °C backen, bis die Paradeiser wirklich weich sind. Penne al dente kochen, mit der Paradeisermasse vermischen und anrichten.

# MANDELPASTA

## Zutaten

**für 4 Personen:**

1 Handvoll Basilikum

3 Knoblauchzehen

1 Handvoll Bärlauch

Salz

8 Paradeiser

60 g geröstete Mandeln

Öl

frische Hartkäsesplitter

500 g Spaghetti

1 Handvoll kleine Brokkoli-röschen

## Zubereitung

Basilikum, Bärlauch, die fein gehackten Knoblauchzehen mit dem Salz zu einer Paste verarbeiten. Reife, klein gewürfelte Paradeiser und geröstete, gehackte Mandeln hinzugeben. Alles mit etwas Öl zu einer Masse verarbeiten. Die Brokkoliröschen sowie anschließend die Spaghetti al dente kochen und gut mit der Masse vermischen. Nach Geschmack können einige Käsesplitter darübergegeben werden.

**Gut zu wissen:** Das ist der Geschmack des sizilianischen Sommers. Dieses Rezept stammt aus der Stadt Cefalù auf Sizilien und half mir vor vielen Jahren, Liebeskummer zu verdauen.

# WAS BRAUCHT ES FÜR „BESSER ESSEN"?
## — Ingrid Pernkopf

© Privat

Ingrid Pernkopf ist Köchin und führt mit ihrem Mann das Landhotel „Grünberg am See" in Gmunden (www.gruenberg.at). Sie hat bereits über ein Dutzend Kochbücher veröffentlicht.

**1  Was läuft derzeit schief bei unserer Ernährung?**

Die Leute haben zu wenig Zeit zum Kochen. Billiges Fast Food und Convenience-Produkte ersetzen für viele Selbstgekochtes. Dabei wäre es im Sinne unserer Kinder wichtig, als Vorbild selbst zu kochen. Was wir essen, wird nicht mehr geschätzt.

**2  Was ist notwendig für „Besser Essen"?**

Alteingesessene Essensgewohnheiten sollten mit den Erkenntnissen moderner Ernährungswissenschaft hinterfragt werden. Es braucht mehr Wertschätzung unserer Lebensmittel, saisonale und regionale Produkte und damit kürzere Transportwege.

**3  Wie versuchen Sie, das zu leben?**

Indem ich täglich versuche, regionale Produkte zu verwenden, deren ökologischer Fußabdruck gering ist. Am liebsten ist es mir, wenn ich den Bauern kenne, der mir die Produkte liefert, die ich später (nach Möglichkeit restlos) verkoche.

**4  Was wünschen Sie sich diesbezüglich von der Politik?**

Steuerliche Vorteile für heimische Bauern und Produzenten, damit es sich die Konsumenten leisten können, heimische Produkte zu kaufen. Die Familien müssen sparen, man muss verstehen, dass der Preis mehr ins Gewicht fällt als der Bio- oder Ökogedanke.

# GEMÜSESUGO

— von **Ingrid Pernkopf**

## Zutaten

**für 4 Personen:**

100 g Zwiebeln

100 g Lauch

200 g Kürbisfleisch oder Zucchini

70 g Knollensellerie

350 bis 400 g Karotten (oder Karotten und Gelbe Rüben im Verhältnis 50:50)

60 ml Sonnenblumen-, Maiskeim- oder Rapsöl zum Anbraten

100 g Paradeisermark

500 g gewürfelte Paradeiser (bei Ernteüberschuss), evtl. gehäutet

ca. 250 ml Gemüsefond, Nudel-, Nockerl- oder Knödelkochwasser, ersatzweise Wasser

2 Knoblauchzehen

½ EL getrockneter Oregano

je ½ ML getrockneter Rosmarin und Thymian

30 g Ahornsirup, Roh- oder ersatzweise Feinkristallzucker

20 g Steinsalz

frisch gemahlener Pfeffer

evtl. edelsüßes Paprikapulver

evtl. fein geschnittene Kräuter je nach Vorrat

## Zubereitung

Zwiebeln, Knoblauch und Gemüse faschieren oder mit dem Gemüsehobel fein reiben. Öl in einem breiten Topf erhitzen, das faschierte Gemüse dazugeben und kurz anschwitzen, dabei gut umrühren, damit sich nichts am Topfboden anlegt. Paradeisermark und Paradeiserwürfel zufügen, etwas einkochen lassen, mit Fond oder Suppe aufgießen und 20 bis 30 Minuten einreduzieren bzw. kochen lassen. Würzig abschmecken. Evtl. zur besseren Bindung einen geschälten Erdapfel hineinreiben oder mit angerührter Stärke oder Johannisbrotkernmehl eindicken. Erst kurz vor dem Servieren die Kräuter untermengen, nicht mitkochen lassen.

### Tipps

- Die Gemüsesorten können auch variiert werden, je nach Marktangebot und persönlichem Geschmack.
- Ausgekühlt mit Sojajoghurt vermischt ist das Gemüsesugo ein vorzüglicher Aufstrich.
- Mit Chilischoten und noch fein geriebenem Pfeffer schärfer abschmecken.
- Auf Vorrat hergestellt lässt sich Sugo auch sehr gut tiefkühlen. Dazu das ausgekühlte Sugo in Frischhaltesäckchen füllen. Gefüllte Säcke möglichst flach auseinanderdrücken und auf Bleche aufgelegt (damit es schneller durchfriert und auch schneller wieder auftaut) tiefkühlen, vom Blech nehmen und im Tiefkühler verstauen.
- Sugo (ohne frische Kräuter) heiß in Gläser füllen und im Dampfgarer bei 98 °C ca. 60 Minuten je nach Gläsergröße einkochen.

# SOMMERHUHN

## Zutaten

**für 4 Personen:**

1 Biohuhn mit 1200–1400 g

6 Zitronen

mehrere Handvoll Thymian

Salz

Öl

Butter

Honig

## Zubereitung

Das Huhn waschen und abtupfen. Im Mörser den klein gehackten Thymian und die Schale der Zitronen mit einem kleinen Schuss Öl zu einer Paste verarbeiten. Mit einem scharfen Messer an 8–10 Stellen die Haut des Huhnes 2 cm aufschneiden und jeweils kleine Knödel dieser Paste unter die Haut schieben. Nun das Huhn mit Butter einreiben, salzen und pfeffern. Anschließend das Huhn mit den geviertelten Zitronen füllen. Bei 180 °C im Rohr braten, bis das Hendl eine schöne Farbe hat und komplett durchgegart ist. Von Zeit zu Zeit mit Honig bestreichen. Als Beilage können von Beginn an unter dem Huhn geviertelte Erdäpfel mitgebacken werden.

**Tipp:** Für eine süßliche Variante kann statt mit Zitronen ein wunderbarer Sommergeschmack auch mit einer Kräutermischung aus Lavendelhonig, Lavendelblüten, Bohnenkraut und Thymian gezaubert werden.

---

# UNSER SAIBLING

## Zutaten

**für 4 Personen:**

1 weiße Zwiebel

1 Schuss Weißweinessig

Zitronensaft

weißer Pfeffer

Salz

¼ l Fischfond

80 g Butter

4 Saiblingsfilets à 140–150 g

Olivenöl

½ kg kleine junge Erdäpfel

Vogerlsalat

## Zubereitung

Zuerst die Soße vorbereiten: Eine weiße Zwiebel fein hacken und mit etwas Weißweinessig aufkochen. Mit Zitronensaft, weißem Pfeffer und Salz abschmecken, den Fischfond und die Butter einrühren. Die Saiblingsfilets in Olivenöl langsam herausbraten, auf die Soße legen und mit einigen frischen Erdäpfeln und Vogerlsalat servieren.

**Gut zu wissen:** Schön ist es, diesen wundervollen Fisch direkt am Markt zu kaufen. Das Schönste aber ist, einen Saibling in einem sauberen Bach selbst zu fangen. Manchmal versuche ich mich im Fliegenfischen, meist mit großer Begeisterung, aber wenig konkretem Erfolg. Allerdings ist alleine der Versuch ein Geschenk: stundenlang die Ökologie des Wassers kennenzulernen, zu wissen, welche Insekten hier zu Hause sind, einen fairen Wettbewerb mit dem Fisch zu führen. Gelingt doch ein Fang, dann bereite ich ihn mit besonderem Respekt zu.

# MARILLEN-LAVENDEL-TARTE

## Zutaten

**für 4 Personen:**

Süßer Mürbteig (siehe S. 23)

30 g Zucker

30 g Butter

750 Marillen

1 Handvoll vom Stiel gelöste Lavendelblüten

3 EL Lavendelhonig

Vanilleschotenmark

## Zubereitung

Den süßen Mürbteig, vermischt mit dem Mark einer Vanilleschote, einkühlen. Inzwischen die halbierten Marillen mit der Schnittfläche nach unten in eine Tarteform legen, dann mit etwas Honig bestreichen, z. B. Lavendelhonig. Darauf den ausgewalzten Mürbteig legen. Die Tarte 30 Minuten bei 190 °C backen, auf einen stabilen großen Teller stürzen und abschließend mit frischen, von den Zweigen vorsichtig abgelösten Lavendelblüten dicht belegen. Eine wunderbare Geschmacks- und Duftnote und meine persönliche Lieblingstarte.

**Gut zu wissen:** Ich habe dieses Rezept vor Jahren in irgendeiner Zeitschrift gefunden und nachgekocht. Nachdem es einfach zubereitet werden kann und sensationell schmeckt, hat es den Weg in meine Lieblingsrezepte gefunden.

# MIRABELLEN-TARTE

## Zutaten

**für 4 Personen:**

750 g Mirabellen, entkernt und halbiert

Mürbteig (siehe S. 23)

**Creme:**

Vanilleschote

½ l Milch

6 Eigelb

150 g Zucker

75 g Mehl

## Zubereitung

Mürbteig zubereiten und kühl stellen.

**Creme:** Vanilleschote aufschneiden und ihren Inhalt in einem Behälter mit der Milch aufkochen. Eidotter mit Zucker schaumig schlagen, das Mehl beigeben und die Milch langsam einrühren. Dann die Dotter-Mehl-Milch-Mischung langsam unter ständigem Rühren vorsichtig weitererhitzen, bis die Masse eindickt. Abkühlen.

Teig auf 3 mm Dicke auswälzen und in eine gebutterte Springform einlegen, auch den Rand auskleiden. Nun für 15 Minuten ins Gefrierfach stellen, anschließend Löcher stechen und bei 200 °C 15 Minuten lang aufbacken. Nach dem Auskühlen mit der Creme bestreichen und anschließend die entkernten und halbierten Mirabellen mit der Schnittfläche nach unten sehr dicht auflegen. 20 Minuten backen.

**Gut zu wissen:** Früher war die Mirabelle eine sehr häufige Frucht und wuchs beinahe vor jedem Bauernhaus. Einer der wenigen verbliebenen Mirabellenbäume steht vor unserem Haus und ist jedes Jahr voller Früchte. Jahrelang wusste ich nicht, wie ich sie verarbeiten sollte. Bis ich dieses geniale Rezept in der *Financial Times* fand.

# AFTER FIVE – GRÜNER SCHOKOKUCHEN

— in Anlehnung an ein Rezept aus: Usch von der Winden, Wildkräuter und Blüten, Edition Fackelträger

## Zutaten

**für 4 Personen:**

350 g Schokolade

¼ kg Butter

6 Eier

200 g Zucker

Salz

3 Handvoll gehackte Minze (oder Schokominze)

130 g Mehl

reife Kirschen zur Dekoration

## Zubereitung

Minze klein hacken, die Schokolade schmelzen und die Butter darunterrühren. Eier, Zucker und Salz sowie die klein gehackte Minze und das Mehl unter die Schoko-Butter-Masse mengen und den Teig gut vermischen. Die Masse nun in eine Tortenform geben und bei 180 °C mindestens 30 Minuten backen. Abschließend kann man die Torte noch mit einigen frischen halbierten Kirschen belegen, muss aber nicht sein – weniger ist mehr.

**Gut zu wissen**: Bei dieser wunderbaren Torte harmonieren die keimtötende, verdauungsunterstützende Minze und die Schokolade prächtig miteinander. Ich habe bei diesem Rezept noch einen besonderen Vorteil: Der Filmemacher Udo Maurer brachte mir vor Jahren richtige Schokominze von einem seiner Drehorte in Bangladesch mit – sie gedeiht und schmeckt prächtig.

# 8. GANG

# LAGERN UND EINKOCHEN FÜR „BESSER ESSEN"

**D**ie gute alte Speisekammer, ein Regal, oder wie bei mir ein alter ehemaliger Speckkasten: Wichtig ist ein trockener und eher dunkler Ort für die Lagerung unserer Grundausstattung. Der Bestand sollte regelmäßig kontrolliert werden. In meiner Speisekammer befinden sich unter anderem: Dinkelmehl, Chutneys und Marmeladen, Nudeln, Reis, Weißwein- und Balsamicoessig, Raps-, Distel-, Kürbiskern- und Olivenöl, Salz und Rohrzucker, Honig, Senf, Kapern, Oliven, Gemüsebrühe, Dosenparadeiser, Schokolade, Bohnen, Linsen, Couscous, Walnüsse, Mandeln, Haselnüsse, Pinienkerne, Zwiebeln, Knoblauch, Erdäpfel, Paradeiser, altes Brot im Leinensack für die Verarbeitung zu Bröseln und Semmelbrot sowie die Basisausstattung an Gewürzen: Thymian, diverse Pfeffersorten, Oregano, Kardamom, Koriander, Fenchelsamen, süßer Paprika, Muskat, Estragon, Kreuzkümmel, Zimt, Nelken …

Der Kühlschrank ist die zweite Speisekammer: Hier achte ich besonders auf die unterschiedlichen Temperaturen, die im Kühlschrank entstehen. Daher kommen Käse und Eier ganz nach oben, in die Mitte Milch und Joghurt, und ganz unten, wo es am kältesten ist, Fleisch, Wurst und Fisch. In der Gemüselade und in der Türe ist es vergleichsweise milder temperiert. Hier fühlen sich Butter und Marmeladen wohl. Kälteempfindliche Gemüse- und Obstsorten wie Paradeiser, Gurken, Paprika und Erdäpfel nicht im Kühlschrank lagern. Sie gehören in die Speisekammer. Der Gefrierschrank spielt auch eine wichtige Rolle: etwa für das Einfrieren selbst gemachter Paradeisersoße, Suppen und Teige, für Erbsen, Toastbrot sowie Obst, das zum Einfrieren geeignet ist, und wie die Erdbeeren im Winter für Smoothies verwendet wird. Aber auch ganze Mahlzeiten finden sich im Gefrierschrank, weil ich oft größere Portionen vorkoche.

# EINKOCHEN
## – ein köstlicher Eckpfeiler für das Haltbarmachen

Marmeladen und Chutneys sind ideale Möglichkeiten, die frische Ernte haltbar zu machen. Dazu braucht es frische und gut gereifte Früchte aus der Region, saubere und fettfreie Weck- gläser, Töpfe und Kochlöffel. Weckgläser zum Sterilisieren eine Minute in kochendes Wasser stellen, dann auf ein feuchtes Tuch geben, befüllen und sehr gut verschließen.
Die folgenden Rezepte stammen von BIO AUSTRIA

— zur Verfügung gestellt von Regina Oberpeilsteiner (BIO AUSTRIA)

## ESSIGMISCHUNG ZUM EINLEGEN

Wenn Sie vorhaben, öfter Gemüse einzulegen, bereiten Sie diese Mischung 2 Mal zu. Diese Menge füllen Sie in einen 5-Liter-Kanister, so müssen Sie nicht jedes Mal den Essig neu zusammenmischen.

**Zutaten**

¾ l 6-prozentigen Bio-Essig
(Apfelessig, Weinessig, je nach Geschmack)

1,5 l Wasser

6 dag Salz

18 dag Bio-Kristallzucker

1 EL Bio-Öl

## BIO-RUSSENKRAUT

**Zutaten**

1 kg Bio-Weißkraut

20 dag Bio-Karotten

20 dag Bio-Gurken

5 Stück Bio-Paprikaschoten

½ kg Bio-Zwiebel

2 EL Bio-Einlegegewürz

Das Gemüse mit der Küchenmaschine oder Gurkenhobel hacheln. Paprikaschoten nudelig schneiden, alles in einer Wanne gut vermischen und den Kochtopf zu drei Viertel mit dem Ge- müse füllen, dann mit der Essigmischung bis ca. 3 cm unter den Rand des Gemüses auffüllen. 2 EL Einlegegewürz dazugeben und zum Kochen bringen. Öfters umrühren. Wenn Sie die Ge- müse-Essig-Mischung durchgerührt haben, etwas weiterköcheln lassen, dann sofort in die mit kochend heißem Wasser ausgespülten Gläser randvoll füllen und verschließen.
In das mit heißem Wasser gefüllte Abwaschbecken stellen. Wenn man mit dem Befüllen der Gläser fertig ist, die Gläser abwaschen und auf ein Tuch stellen, abkühlen lassen. Beim Einfül- len darauf achten, dass die Mischung immer kochend heiß ist.
Nach diesem Grundrezept können Sie die verschiedensten Salate für den Winter vorbereiten.

## BIO-ZWETSCHKENCHUTNEY

**Zutaten**

1 EL Bio-Fett
½ kg Bio-Zwiebel
½ kg Bio-Äpfel
1,5 kg Bio-Zwetschken
evtl. ½ kg Bio-Rosinen
⅓ l Bio-Weinessig
¼ kg Bio-Zucker
1 EL Salz
1 TL Bio-Piment
1 EL Bio-Ingwerpulver
1 Messerspitze Bio-Cayenne-
pfeffer

**Zubereitung**

Zwiebel in Fett ein bisschen dünsten, klein geschnittene oder geraspelte Äpfel und geschnittene Zwetschken sowie die restlichen Zutaten dazugeben und ca. eine Stunde köcheln lassen. Kochend heiß in Gläser füllen und sofort verschließen.

## BIO-KÜRBIS-APFEL-MARMELADE

**Zutaten**

½ kg Bio-Kürbis
½ kg Bio-Äpfel
40 dag Bio-Zucker
(wenn Sie die Marmelade
süßer haben wollen,
mehr Zucker dazugeben)
Geliermittel Pektin:
auf 1 Kilo Frucht 3 EL Pektin

**Zubereitung**

Kürbisse schälen, Kerne entfernen und würfelig schneiden. Äpfel evtl. schälen und würfelig schneiden. Die Masse in einen Topf mit einem ¼ l Wasser geben und unter mehrmaligem Umrühren kochen. Wenn der Kürbis und die Äpfel zerkocht sind, evtl. mit Pürierstab pürieren. Zucker und Geliermittel dazugeben und aufkochen lassen. Vor dem Einfüllen in die Gläser noch einen Schuss Alkohol zum Fruchtbrei leeren. Heiß in Gläser abfüllen und verschließen.

# DAS „RESTLVERKOCHEN"

In jedem Haushalt bleibt Essen übrig. Es ist eine Frage des Mitplanens, diese Restln sinnvoll zu verwerten und möglichst wenig davon zu Abfall werden zu lassen. Darum bauen etliche der Rezepte in diesem Buch auf „Restln" auf. Ein Prinzip vieler ist es, das Kochen vorausschauend so zu planen, dass jeweils auch Restln vom Vortag verwendet werden können, oder aber direkt zu einem Restlessen zusammenkommen zu lassen.

Wer mehr wissen will über die köstliche Verwertbarkeit unserer Restl, dem seien folgende Bücher empfohlen: Tom Riederer, „Nur der Idiot wirft's weg", sowie Ingrid Pernkopf, „Resteküche. Köstlich. Günstig. Nachhaltig", beide Pichler Verlag.

— Folgende zwei Rezepte stammen aus dem Buch „Resteküche", freundlicherweise zur Verfügung gestellt von **Ingrid Pernkopf**

# JOGHURT-GEMÜSE-AUFLAUF

## Zutaten

250 g Joghurt

250 g beliebiges gekochtes oder blanchiertes Gemüse (Karotten, Erdäpfel, Gelbe Rüben, Sellerie, Pastinaken, Brokkoli, Karfiol, Kohlrabi, Rote Rüben, Kürbis, Mangold, Spinat, Rucola, Wirsing, Zucchini, Lauch, Frühlingszwiebeln, Kraut, Paprika u. dgl.)

40 g sehr weiche Butter

4 Eier

Etwas Zitronensaft und -schale

Pfeffer, Salz

geriebene Muskatnuss

50 g Stärkemehl

beliebige frische oder getrocknete Kräuter (Petersilie, Dille, Thymian, Majoran)

zerlassene Butter zum Ausstreichen

Semmelbrösel zum Ausstreuen

**Geschmacklich nach Belieben und Vorrat ergänzen mit:**

100 g Tofu, gekochtem Reis, Linsen, Bohnen, Hirse, beliebigen Getreidekörnern, ansautierten Pilzen, Oliven, Kapern, in Öl eingelegten, gut abgetropften, getrockneten Tomaten

## Zubereitung

Butter mit Joghurt und Dottern verrühren. Eiweiß mit ca. 10 g Stärkemehl zu schmierig-steifem Schnee schlagen und mit der restlichen Stärke unter die Joghurtmasse mengen. Würzig abschmecken. Die Hälfte der Joghurtmasse in eine mit zerlassener Butter ausgestrichene und mit Bröseln ausgestreute ovale Auflaufform (mit etwa 2 l Fassungsvermögen) füllen, das Gemüse darauf verteilen und mit der restlichen Masse bedecken bzw. abdecken. Bei 160 °C mit Heißluft ca. 35–40 Minuten goldbraun backen.

**Tipp:** Gemüse, das noch zu viel Feuchtigkeit abgibt, kann man durch Zugabe von Semmelbröseln kompakter halten.

# OBSTMIXGETRÄNK

**Zutaten**

**für ein Glas**

150 g beliebiger Fruchtsaft oder Einweichwasser von Dörrobst

50 g Obst (Bananen, Äpfel, Birnen, Kiwis, Beeren, Ananas)

100 g Buttermilch oder Joghurt

10 ml Zitronensaft

1 EL frische Garten- oder Wildkräuter

**Zubereitung**

Alle Zutaten in ein Mixglas geben und mixen. Mit Buttermilch oder Saft auf die gewünschte Konsistenz bringen. Nicht zu lange stehen lassen, da sich die Farbe sowie die Konsistenz verändern.

**Variationen**

• Zusätzlich Mandelmus, Honig, Leinsamen, eingeweichte Dörrfrüchte, Ingwer, Hanfsamen, Nüsse einmixen und/oder mit einem Schuss Öl geschmacklich variieren.

• Mit 150 g beliebigem Gemüsesaft und 50 g Gemüse (Karotten, Sellerie, Rote Rüben) anstatt Obst zubereiten. Restliche Zutaten bleiben gleich.

# Kochen mit Restln – das Beispiel Brot

Unmengen an Brot landen derzeit im Abfall. Im eigenen Haushalt gibt es dazu viele Alternativen und Möglichkeiten der Wiederverwertung: Zu Semmelbröseln und Knödelbrot verarbeitet lassen sich fast alle Brotreste gut nützen, zum Beispiel zum Eindicken von Suppen, als Suppeneinlage, als Panier u. v. m. Hier eines meiner Lieblingsrezepte von Sarah Wiener, das ich adaptiert habe:

# SARAH WIENERS BROTSUPPE

— Originalrezept aus: Sarah Wiener, „Zukunftsmenü. Warum wir die Welt nur mit Genuss retten können", Riemann Verlag

**Zubereitung**

Altes Brot wird klein geschnitten, in einer pürierten Gemüsesuppe fest eingeweicht und noch einmal püriert. Köcheln lassen und mit Salz und Pfeffer abschmecken. Eventuell, wie bei Sarah Wieners Brotsuppe praktiziert, einen Esslöffel Paste aus gepresstem Knoblauch, Öl und fein gehackten frischen Kräutern in der Suppe auflösen und nochmals leicht köcheln lassen.

Einen weiteren Favoriten, die „Vegane Brotsuppe aus dem Süden", finden Sie bei den „Rezepten des Sommers" auf der S. 71.

# WAS BRAUCHT ES FÜR „BESSER ESSEN"?
## — Katharina Seiser

© Thomas Apolt

Katharina Seiser ist Journalistin und Kochbuchautorin („Österreichisch Vegetarisch"). Sie verblüfft unter anderem auf *www.esskultur.at* mit Ideen, Rezepten und Tipps für eine neue Esskultur.

**1 Was läuft derzeit schief bei unserer Ernährung?**

Essen hat keinen Wert mehr, im doppelten Sinne: Wir nehmen uns viel zu wenig Zeit fürs Essen – und damit meine ich auch die Überlegungen davor, den Einkauf, die Beschäftigung mit den Lebensmitteln, das Kochen, Riechen, Schmecken und natürlich das gemeinsame Einfinden rund um den Tisch – und gleichzeitig sind uns Lebensmittel nichts wert. Sie kosten zu wenig, wir haben wegen der Agrarsubventionen keine Kostenwahrheit. Wir sind gewohnt, nach dem billigsten, nicht nach dem besten Produkt Ausschau zu halten.

**2 Was ist notwendig für „Besser Essen"?**

Die Übereinkunft darüber, dass Essen viel mehr als satt machen bedeutet. Dass wir mit dem Essen unsere Umwelt gestalten, dass Essen Land(wirt)schaft prägt, die Art, wie wir miteinander, aber auch mit den Tieren, der

Umwelt, den Ressourcen, und damit auch mit denen, die nach uns kommen, umgehen. Gleichzeitig braucht es ein klares Bekenntnis zum Genuss, dass Essen gut sein und schmecken darf. Dass es nichts muss, aber so viel kann. Vor allem große Freude und glücklich machen.

### 3  Wie versuchst du, das zu leben?

Indem ich bei allem, was ich einkaufe, esse, koche, bestelle, verarbeite, beschreibe, auf ein paar unverrückbare Grundsätze baue:

- Beste regionale, saisonale Zutaten aus möglichst persönlich bekannter Herkunft sind die Basis. Je besser ein Produkt, desto weniger Zutun ist in der Küche nötig.
- Es muss zumindest bio sein. Bio ist für mich die Norm.
- Ich möchte wissen, wer es wo wie herstellt.
- Es darf keine künstlichen Aromen enthalten, gar keine.
- Es soll so wenig wie möglich industriell verarbeitet sein, weil durch jeden Verarbeitungsschritt Geschmack verlorengeht und mangelhafte Ausgangsqualität verschleiert werden kann.
- Bei tierischen Produkten: Die bestmögliche Haltung der Tiere ist gerade gut genug.
- Ich teile alles, was ich an Positivem entdecke, lebe meine Berufung – das Essen und das Schreiben darüber – mit Leidenschaft.

### 4  Was wünschst du dir diesbezüglich von der Politik?

- Wertschätzung, und zwar offen und klar demonstrierte, ein Bekenntnis zu guter, handwerklicher, regionaler Küche, zu innovativer, achtsamer Landwirtschaft, zu gutem Essen, dessen Zutaten mit Bedacht ausgewählt wurden.
- Unterstützung innovativer Ideen in der Landwirtschaft und in der Gastronomie – z. B. alles, was zum Thema Schlachten ohnehin in der Luft liegt, aber derzeit aufgrund gesetzlicher Schwierigkeiten weder ausprobiert noch im großen Stil umgesetzt werden kann, oder Projekte in der Gemeinschaftsverpflegung, Kochkurse, Geschmacksschulungen etc.
- Ein klares Bekenntnis zu artgerechter Tierhaltung und dass wir auch im vermeintlichen „Land der Seligen" da noch einen sehr weiten Weg vor uns haben.
- Wenn schon Subventionen, dann an deutlich strengere Auflagen gebunden, was den Umgang mit Ressourcen und Tieren anbelangt.
- Am wichtigsten: Kochen als Pflichtschulfach in ausnahmslos allen Schultypen und -stufen. Ich glaube, das ist der Schlüssel zu besserem Essen und damit zu besseren Lebensmitteln, besserem Umgang mit Tieren und einem insgesamt wertschätzenden, achtsameren Umgang miteinander.

# REZEPTE DES HERBSTES

**D**er Herbst ist für unsere Küche ein besonderes Geschenk. Er hat noch alles, was wir brauchen, bringt reiche Ernte von den Feldern, den Äckern und aus der Natur. Er bringt uns aber auch etwas ganz Besonderes: Wild aus der Region. Wir können ihn gut schmecken, den Herbst. Du riechst noch den Sommer und bald riechst du den Schnee. Und dazwischen dominieren die Gerüche und Geschmäcker der abgeernteten Felder.

# Das gibt's im Herbst regional:

vom

- Apfel
- Basilikum
- Birne
- Blattsalat
- Bohne
- Brokkoli
- Brombeere
- Brunnenkresse
- Chicorée
- Dill
- Endivie
- Erdäpfel
- Fenchel
- Gurke
- Hagebutte
- Haselnuss
- Holler
- Karotte
- Kohlrabi
- Koriandergrün
- Krenwurzel
- Kukuruz (Mais)
- Kürbis

- Lauch
- Liebstöckel
- Mangold
- Maroni
- Melanzani
- Paprika
- Paradeiser
- Pastinake
- Petersilie
- Petersilwurzel
- Preiselbeere
- Quitte
- Radicchio
- Radieschen
- Rauner (Rote Rübe)
- Rettich
- Rosenkohl
- Rosmarin
- Rotkraut
- Rucola
- Salbei
- Schalotte
- Schlehe

- Schnittlauch
- Schwammerl
- Schwarzwurzel
- Sellerie
- Spinat
- Thymian
- Topinambur
- Vogerlsalat
- Walnuss
- Weintraube
- Weißkraut
- Wirsing
- Zucchini
- Zwetschke
- Zwiebel

**Und das koche ich daraus ›››**

# MEIN FRÜHSTÜCK

Passt zu jeder Jahreszeit und ist denkbar einfach, gesund und schmackhaft.

## Zutaten

**für 4 Personen:**

600 g Magerjoghurt

Früchte

Zimt

## Zubereitung

Früchte der Jahreszeit, entweder aus dem Garten, beim Morgenspaziergang gesammelt oder von der Bio-kiste gebracht, in mundgerechte Stücke schneiden, mit Joghurt vermischen, nach Geschmack mit Zimt würzen. Fertig!

---

# MARONISUPPE

## Zutaten

**für 4 Personen:**

½ kg Maroni

1 l Gemüsebrühe

¼ l Obers

Salz

Pfeffer

1 Handvoll Majoran

1 Handvoll gehackte Kräuter

## Zubereitung

Maroni schälen und bei geringer Temperatur 20 Minu-ten in der Gemüsebrühe kochen. Die Maroni anschlie-ßend pürieren, Obers dazugeben und die Maroni-Obers-Mischung mit der Gemüsebrühe aufgießen und mit Salz, Pfeffer, Majoran und verschiedenen Kräutern nach Lust abschmecken.

**Gut zu wissen:** Viele Jahre aus unseren Küchen ver-schwunden, erleben Maroni nun ihr großes Comeback: zu Recht. Ich liebe ihren Geschmack so sehr, dass wir im Garten nun einen Maronibaum gesetzt haben und sehn-lichst auf seine ersten Früchte warten. Durch ihren gerin-gen Fettanteil und die vielen Vitamine zählen Maroni zu den gesündesten Nussfrüchten.

# KÜRBISCREMESUPPE

## Zutaten

**für 4 Personen:**

2 Lauchstangen

1 weiße Zwiebel

Butter

Dinkelmehl

2 Erdäpfel

1 kg Kürbisfleisch

1 l Gemüsebrühe

würziger Hartkäse

2 Scheiben altes Brot

Obers oder Sauerrahm

## Zubereitung

Lauch und Zwiebeln fein hacken, in etwas Butter anbraten und ein paar Löffel Mehl zugeben. Fest rühren, bis die Masse glatt wird. Die Erdäpfel schälen und klein hacken, mit dem ebenfalls klein gehackten Kürbisfleisch zur Lauch-Zwiebel-Masse geben und alles eine Viertelstunde dünsten. Abschmecken, mit Gemüsebrühe aufgießen und 1 Stunde köcheln lassen. Jetzt pürieren und würzen – zum Beispiel schlicht mit Salz und Pfeffer oder aber orientalisch oder ...
Schließlich geriebenen Käse nach Geschmack unterrühren, wenn altes Brot übrig ist, dieses würfeln, anrösten, in die Suppe geben und mit etwas Obers oder Sauerrahm dekorieren.

**Tipp:** Eine wunderbar nahrhafte und wärmende Suppe, die so richtig zum Experimentieren mit Gewürzen herausfordert. Am besten wird sie, wenn man sich wirklich etwas traut beim Würzen (z. B. mit Kreuzkümmel, gemörserten Nelken, Kardamomsamen, Kurkuma, Piment).

# ZUCCHINISUPPE

## Zutaten

**für 4 Personen:**

1 Zwiebel

etwas Butter

½ kg Zucchini

¾ l Gemüsebrühe

Salz und Pfeffer

Sauerrahm

## Zubereitung

Butter in eine Pfanne geben, die klein gehackte Zwiebel anschwitzen. Nach zehn Minuten in Scheiben geschnittene Zucchini beigeben, salzen und eine Minute mitdünsten. Dann die Gemüsebrühe dazugeben und eine halbe Stunde lang bei kleiner Temperatur köcheln lassen. Nun pürieren und mit Salz und Pfeffer sowie Sauerrahm abschmecken.

**Tipp:** Im Sommer auch kalt ein Genuss!

# DER BALKAN IN EINEM TOPF (JUWETSCH)

— das Lieblingsrezept von **Valentin Thurn**s Oma, aus: Valentin Thurn und Gundula Oertel, „Taste the Waste – Rezepte und Ideen für Essensretter", Verlag Kiepenheuer und Witsch

## Zutaten

**für 4 Personen:**

½ kg reife Fleischparadeiser

½ kg Paprika (die langen, am besten eine Mischung aus roten, gelben und grünen)

¼ kg Zwiebeln

2 Knoblauchzehen

3 Peperoni (scharf)

200 g Reis (Langkorn)

evtl. 1 Aubergine oder 200 g grüne Bohnen

evtl. 200 g Lamm- oder Kalb-fleisch (z. B. Keule, Schulter, Rippe)

½ l Gemüsebrühe, dazu

½ TL süßes Paprikapulver

4 EL Olivenöl

2 EL gehackte glatte Petersilie

## Zubereitung

Würfelig geschnittene Zwiebeln und Knoblauch mit dem Fleisch leicht anrösten, auch Paprika und die Aubergine grob schneiden und kurz anbraten. In einer Auflaufform zunächst den Reis aufschichten, mit der Gemüsebrühe anfeuchten, darüber Zwiebeln und Fleisch aufschichten, dann eine Schicht Paprika und Aubergine, dann salzen und mit Peperoni und Kräutern würzen (z. B. Salbei), schließlich mit einer Lage grob geschnittener Paradeiser bedecken. Die Form mit Alufolie bedecken und eine Stunde in den Ofen schieben, bei ca. 180 °C. Anschließend mit der Petersilie bestreuen.

**Gut zu wissen:** Das Reich von Valentin Thurns Oma war die Küche. Sie war nach dem Zweiten Weltkrieg als Flüchtling aus dem Banat nach Deutschland gekommen und ihre Gerichte ließen die Liebe zur alten Heimat spüren. Dieses „Schmorgemüse mit Reis" existiert auf dem ganzen Balkan. Die Türken nennen es Güvec, die Jugoslawen Djuvec, die Rumänen Giveci und die Donauschwaben Juwetsch. Die wichtigste Zutat sind frische Fleischparadeiser. Ansonsten ist es ein klassisches Restegericht, bei dem die Zutaten problemlos variiert werden können. Man kann den Auflauf zum Beispiel auch mit Sauerrahm bedecken.

# WAS BRAUCHT ES FÜR „BESSER ESSEN"?
## — Valentin Thurn

© Brigitta Leber

Valentin Thurn ist Autor und Filmemacher in Deutschland (www.thurnfilm.de).

### 1 Was läuft derzeit schief bei unserer Ernährung?

Unsere Ernährung krankt an unserem schwindenden Wissen darüber, was gut ist und schlecht. Zum Beispiel: Die Ware muss makellos sein, kleine Fehler reichen bereits und die Supermärkte müssen es aussondern, weil es die Kunden nicht mehr nehmen. Dabei ist gerade Obst oft am leckersten, wenn es nicht mehr so schön aussieht. Wir werfen also oft das Beste weg, aus Unsicherheit. Mehr Tipps dazu siehe www.tastethewaste.de

### 2 Was ist notwendig für „Besser Essen"?

Wir sollten weniger Fleisch essen und dafür besseres. Das ist eigentlich eine Binsenweisheit, aber wenn es um die Entscheidung im Laden geht, ganz schön schwierig, weil Bio-Fleisch oft dreimal so teuer ist. Wenigstens sollte es aus einem bäuerlichen Betrieb aus der Region stammen, der seine Tiere noch mit Namen kennt. Aus diesem Grund wollen wir parallel zu meinem nächsten Kinofilm über die Welternährung die Internet-Plattform www.tasteofheimat.de starten, die es Konsumenten erleichtern soll, regionale Erzeuger zu finden.

 ### Wie versuchst du, das zu leben?

Ich selbst habe angefangen, im eigenen Garten Gemüse zu ziehen, und beziehe sonst mein Gemüse von einem Wochenmarkthändler, der bei regionalen Bauern einkauft. Ich esse vielleicht ein Viertel der Fleischmenge, die ich früher zu mir genommen habe, und kaufe das Fleisch bei einem Metzger, der mir genau sagen kann, von welchen Landwirten er es bezieht.

 ### Was wünschst du dir diesbezüglich von der Politik?

Beim Thema Lebensmittelverschwendung gibt es nicht nur einen Bösewicht. Wenn ich als Verbraucher keine krummen Gurken im Supermarkt finde, kann ich sie auch nicht kaufen. Andererseits, wenn der Supermarkt welche anbietet, aber keine Käufer findet, dann wird er auch schnell damit aufhören. Es ist also eine geteilte Verantwortung, bei der alle Beteiligten zusammenwirken müssen. Und hier kommt die Politik ins Spiel: Sie kann den Dialog entlang der Produktionskette befeuern.

# DAS BESONDERE REH

## Zutaten

**für 4 Personen:**

1 Rehschlegel ca. 1 kg ohne Knochen

1 TL Wacholderbeeren

1 Zweig Rosmarin

Schale von einer Orange und einer Zitrone

Zucker

5 Stk. schwarze Pfefferbeeren

1 TL Piment

Öl

150 g Sellerie

150 g Karotte

2 große Zwiebeln

4 EL Paradeisermark

1 Flasche Rotwein

1,5 l Wildfond

2 Lorbeerblätter

Salz

Pfeffer

Zucker

## Zubereitung

Ein- oder zweimal im Jahr gibt's bei uns Reh. Möglichst direkt vom Jäger – jedenfalls aus der Region. Reh zu essen, das erfordert besondere Wertschätzung und eine dementsprechende intensive und umfassende Zubereitung. Diese beginnt am Vortag.

Das Stück Rehschlegel wird gebeizt und dafür mit einer im Mörser zubereiteten Paste aus zerstoßenem Wacholder, Rosmarin, geriebenen Schalen von Zitronen und Orangen, Zucker, zerstoßenen schwarzen Pfefferkörnern und Piment bestrichen. Darüber ein paar Tropfen Öl geben und das Fleisch zugedeckt ca. 24 Stunden kühl ruhen lassen. Am Tag der Verwendung im Öl kräftig anbraten. Dann klein gewürfelten Sellerie, Karotten, Zwiebeln und reichlich Paradeisermark dazugeben und alles bei noch immer hoher Temperatur durchmischen. Mit Rotwein ablöschen, die Temperatur deutlich zurückschalten und mit Wildfond aufgießen. Lorbeer beigeben und das Wild mindestens 2 Stunden, bis es weich ist, im Topf bei kleiner Temperatur köcheln lassen, zum Schluss mit Salz, Pfeffer und Zucker abschmecken.

**Tipp:** Als Beilage passen klassisch Rotkraut und gebratene Erdäpfel. Köstlich dazu sind auch feine Grießknödel.

# WENN DER HASE IM PFEFFER LIEGT

## Zutaten

**für 4 Personen:**

1 Hase (am besten schon geviertelt)

1 Teelöffel Wacholderbeeren

1 Zweig Rosmarin

Schale von einer Orange und einer Zitrone

Zucker

5 schwarze Pfefferbeeren

1 Teelöffel Piment

Öl

2 Zwiebeln

1 gepresste Knoblauchzehe

1 Staudensellerie

3 Petersilienwurzeln

2 EL Paradeisermark

1 Liter Wildfond

## Zubereitung

Zunächst das Fleisch klein hacken, dann 24 Stunden eingebeizt ruhen lassen (siehe Rehrezept, S. 108). Scharf anbraten und mit gehackter Zwiebel, gepresster Knoblauchzehe sowie gehacktem Staudensellerie und Petersilienwurzel vermischt mit reichlich Paradeisermark ergänzen. Nun mit Wildfond aufgießen und 1 Stunde köcheln lassen.

**Tipp:** Erdäpfelknödel sind meine Beilagenempfehlung, dazu reichlich Ribiselmarmelade; oder aber mit schönen, dicken Bandnudeln servieren.

# RESTL-WILDPASTA

## Zutaten

**für 4 Personen:**

1 große weiße Zwiebel

1 Stangensellerie

1 Karotte

1 Knoblauchzehe

Rapsöl

1 Handvoll Rosmarin

Hasen- oder Rehfleisch-Restln vom Vortag

1 Glas Weißwein

500 g breite Bandnudeln

1 Schuss Obers

## Zubereitung

Zwiebel, Stangensellerie, Karotte und Knoblauchzehe klein hacken und in Rapsöl mit einer Handvoll Rosmarin anbraten. Kleine, vom Vortag übrig gebliebene Stücke vom Hasen oder Reh sparsam beigeben. Sobald das Fleisch Farbe bekommt, mit einem Glas Weißwein ablöschen. 20 Minuten bei sehr geringer Temperatur köcheln lassen. Breite Bandnudeln al dente kochen, alles vermischen. Etwas Obers beigeben und abschmecken.

# HAHN IM TOPF

— das Lieblingsrezept von **Josef Stockinger**

## Zutaten

**für 4 Personen:**

1 Biohendl

1 Flasche trockener Rotwein

1 Karotte

1 Zwiebel

1 Knoblauchzehe

Schale von 1 Zitrone

Cayennepfeffer

1 EL Speiseöl

50 g fetter Speck

3 EL Obstler

Salz

500 g Champignons

2 EL Mehl

2 EL Butter

etwas Orangenlikör oder Honig

## Zubereitung

Am besten nimmt man ein etwas schwereres Biohendl und zerlegt es in 8 handtellergroße Stücke. Die Teile 12 Stunden lang im Rotwein marinieren, dem eine in Stücke geschnittene Karotte, eine geviertelte Zwiebel, eine zerdrückte Knoblauchzehe, etwas Cayennepfeffer, Zitronenschale und Öl zugefügt wurden. Die Fleischstücke aus der Marinade nehmen, abtropfen lassen und im ausgelassenen Speck anbraten, bis sie eine schöne braune Farbe annehmen. Mit Obstler ablöschen. Die abgeseihte Marinade dazugeben, salzen. Bei kleiner Hitze etwa 60 Minuten lang köcheln lassen. Die Champignons in der Zwischenzeit in nicht zu kleine Stücke schneiden und 5–7 Minuten lang in einer Pfanne anbraten. Die Soße ist am Ende der Garzeit noch recht flüssig, daher das Fleisch aus dem Topf nehmen und die Soße einreduzieren. Zum Binden etwas mit Mehl verknetete Butter dazugeben. Zum Schluss mit Orangenlikör oder Honig abschmecken. Hat die Soße die gewünschte Konsistenz, Fleisch und die Champignons dazugeben.

# NUDELN AUS DEM WALD

## Zutaten

**für 4 Personen:**

2 gehackte Knoblauchzehen

Rapsöl

½ l Paradeisersugo

¼ kg frische Waldpilze

500 g Nudeln nach Wahl

## Zubereitung

Gehackte Knoblauchzehen in Rapsöl anbraten, Paradeisersugo dazugeben, abschmecken und eine Viertelstunde köcheln lassen. In einer zweiten Pfanne frisch gepflückte Waldpilze (oder welche vom Markt) in Rapsöl anbraten, 8 Minuten dünsten. Nudeln nach Wahl – Tagliatelle passen großartig – al dente kochen, alles mischen und fertig.

# MORCHELHUHN

## Zutaten

**für 4 Personen:**

1 Biohuhn

Salz

Pfeffer

Mehl zum Bestäuben

2 weiße Zwiebeln

2 Knoblauchzehen

100 g frische Morcheln

150 g Champignons

⅛ l Rotwein

100 g Obers

1 Handvoll Kräuter

Erdäpfelpüree (siehe S. 126)

## Zubereitung

Das Biohuhn zerteilen, salzen und pfeffern, mit Mehl bestäuben und in Öl herausbraten. Anschließend die gehackten Zwiebeln und die gehackten Knoblauchzehen anbraten, die halbierten Morcheln gemeinsam mit den Champignons beigeben und einige Minuten anbraten. Mit einem Achtel Rotwein aufgießen, die Hühnerteile beigeben und eine halbe Stunde köcheln lassen, bis sie durchgegart sind. Zum Schluss Obers einrühren, mit Kräutern bestreuen und mit Erdäpfelpüree servieren.

# KÖSTLICHE MELANZANI GANZ EINFACH

## Zutaten

**für 4 Personen:**

2–3 große Melanzani

2 Knoblauchzehen

1 Handvoll gehackte Petersilie

½ kg Kirschparadeiser

Salz und Pfeffer

eine Handvoll frisch geriebener Hartkäse

## Zubereitung

Melanzani in Längsstreifen schneiden, salzen und eine halbe Stunde in einem Sieb abtropfen lassen. Die Streifen nun bemehlen und kurz in Rapsöl herausbacken. Anschließend Knoblauchzehen und Petersilie in etwas Öl anbraten, halbierte Paradeiser (können auch 20 Minuten im Backrohr bei 120 °C vorgetrocknet werden) und die Melanzanistreifen beigeben. Eine halbe Stunde köcheln lassen und mit Salz, Pfeffer und Hartkäse abschmecken.

# WAS BRAUCHT ES FÜR „BESSER ESSEN"?
## — Josef Stockinger

© OÖV Bauer

Josef Stockinger ist General-
direktor der OÖ Versicherung
und war jahrelang Agrarlan-
desrat in Oberösterreich und
Gründer der Aktion „Genuss-
land Oberösterreich".

**1 Was läuft derzeit schief bei unserer Ernährung?**

Wir leisten uns heute teure Schickimicki-
Küchen, doch nie zuvor wurde in unseren
Küchen so wenig gekocht. In vielen Haus-
halten bleibt zumindest unter der Woche der Herd kalt. Die Fast-Food-Conveni-
ence- und Fertiggerichte-Kultur zieht leider
auch in Österreichs Haushalte in einem er-
schreckenden Ausmaß ein.

**2 Was ist notwendig für „Besser Essen"?**

„Besser Essen" heißt Frische. Idealerweise
im saisonalen Rhythmus. Wenn der Ernäh-
rungskreislauf nur mehr über die Tiefkühltru-
he läuft, verlieren unsere Lebensmittel ihre
Lebendigkeit. „Besser Essen" beginnt für mich
beim „Besser Einkaufen". Ein wenig mehr Zeit
und Kreativität beim Einkauf bringt schon einen Quantensprung bei Qualität und lustvol-
ler Abwechslung.

**Wie versuchst du, das zu leben?**

In Bezug auf gesunde Ernährung bin ich sicher kein Vorbild. Aber ich versuche, die Freude an unverfälschten Lebensmitteln und die Kultur des gemeinsamen Essens in der Familie weiterzugeben. Die Tischgemeinschaft bei liebevoll vorbereitetem Essen ist ein unschätzbarer kultureller und auch familiärer Wert.

 **Was wünschst du dir diesbezüglich von der Politik?**

Das Wissen um Lebensmittel und die Lust am Kochen muss selbstverständlicher Teil unserer Lebensbildung bleiben. Die Küche sollte ein ganz selbstverständlicher Teil in unseren Schulen und Kindergärten sein. Die Politik muss auf die Qualität der Schulküchen und das Mitgestalten der Schüler im Küchenbetrieb Wert legen. In den ganztägigen Betreuungsmodellen sehe ich hier eine große Chance.

# TARTE WUNDERBAR

— Dieses Rezept verdanke ich dem wunderbaren Koch **Yotam Ottolenghi.** Es stammt aus dem Buch „Genussvoll vegetarisch – mediterran, orientalisch, raffiniert", Verlag Dorling Kindersley.

## Zutaten

**für 4 Personen:**

350 g kleine Kirschtomaten
Olivenöl
Salz
Pfeffer
Zucker
600 g ungeschälte Erdäpfel
3 weiße Zwiebeln
Rapsöl
Butter
2 Handvoll gehackte Gartenkräuter
würziger Hartkäse in dünnen Scheiben
Blätterteig
1 ganze Knoblauchknolle
½ Becher Sauerrahm
Zitrone
Honig

**Gut zu wissen:** Dieses Rezept liebe ich, weil es wundervoll schmeckt und so einfach Erdäpfel, Paradeiser und Zwiebeln als Geschmacksnoten zur Geltung kommen lässt. Seither habe ich es Schritt für Schritt weiterentwickelt.

## Zubereitung

Die kleinen Paradeiser halbieren, mit der Schnittstelle nach oben in einer feuerfesten Form platzieren und mit etwas Rapsöl, Salz und Pfeffer und einer Spur Zucker beträufeln, um ihren Geschmack noch zu verstärken. Bei 160 °C im Backrohr rund 20 Minuten backen. Die ungeschälten Erdäpfel in Salzwasser kochen, schälen und in 2–3 cm dicke Scheiben schneiden. Zwiebeln in dünne Scheiben schneiden und in Rapsöl bei niedriger Temperatur fast eine halbe Stunde leicht goldbraun braten. Schließlich die Kräuter in Butter leicht anbraten, sodass ihr Duft freigesetzt wird. Nun eine Tarteform einfetten und mit Backpapier auslegen. Darauf einen dichten Kräuterteppich legen, darüber die Erdäpfelscheiben geben und mit den Zwiebeln und Paradeisern die Zwischenräume auffüllen, würzen und Käsescheiben großzügig auflegen. Darauf eine Lage Blätterteig legen. Nun die Tarte bei 180 °C backen, bis der Teig knusprig wird. Im Backrohr die große Knoblauchknolle als Ganzes mitbraten. Tarte aus dem Ofen nehmen, umdrehen und auf einen Teller stürzen. Während die Tarte ausdampft, den ganzen Knoblauch in der Mitte waagrecht durchschneiden und das Innere der Knoblauchzehen in einen kleinen Behälter ausdrücken und mit Sauerrahm verrühren. Mit Zitrone und Honig abschmecken und auf jedes Tartestück einen Teelöffel der Knoblauchmasse auflegen. Nun alles servieren. Der dampfende Gaumenkitzler wird schmecken – garantiert!

**Tipp:** Die Tarte Wunderbar lässt sich auch ausgezeichnet zum Verkochen von Restln verwenden. Als Grundzutaten bleiben bei allen Varianten Kräuter, Erdäpfel und Zwiebeln sowie die Knoblauchmasse. Statt der Paradeiser eignen sich aber auch sehr gut Brokkoli, Rosenkohl oder auch Karfiol, in mundgerechte Portionen geschnitten.

# SAUERKRAUTSCHNITZEL MIT PAPRIKA-GEMÜSERAHM-SOSSE

— von **Alfred Pointner**

## Zutaten

**für 4 Personen:**

300 g Sauerkraut

90 g Dinkelmehl

2 EL Hafermark oder Haferflocken

1 Ei

gemahlener Pfeffer

Majoran

gemahlener Kümmel

Olivenöl

**Für die Soße:**

1 kleine Zwiebel

1 Karotte

1 Knoblauchzehe

1 mittelgroße Kartoffel

300 ml Wasser

2 EL Obers oder Sauerrahm

1 TL Paprikapulver

1 TL vegetarische Suppenwürze

Majoran

Pfeffer, Salz

Olivenöl

## Zubereitung

Dem rohen Sauerkraut etwas Wasser zugießen, die gesamte Flüssigkeit wieder abgießen und das Kraut gut ausdrücken. Das Sauerkraut auf einem Brett grob schneiden, Gewürze dazugeben, ein Ei daraufschlagen und mit dem Kochlöffel grob vermischen. Dann das glatte Dinkelmehl und Hafermark (bzw. die Flocken) dazugeben und mit den Händen gut verkneten. Kurz rasten lassen. Das Olivenöl erhitzen, aus der Masse 6 Schnitzel mit einem knappen Zentimeter Dicke formen und in heißem Öl unter mehrmaligem Wenden goldbraun backen.

Für die Soße Zwiebel, Karotte und Knoblauchzehen klein würfelig schneiden und einige Minuten in Olivenöl rösten. 1 TL Paprikapulver unterrühren, mit Wasser angießen und aufkochen. Kartoffel fein raffeln und unterrühren. Die restlichen Gewürze dazugeben und je nach Wunsch bzw. Verfügbarkeit Sauerrahm oder Schlagobers einrühren. Ca. 15 Minuten sämig kochen. Wer die Soße glatt will, mit dem Pürierstab pürieren.

**Tipp:** Petersilienkartoffeln als vegetarische Beilage oder Kurzgebratenes vom Wild- oder Bioschwein als Fleischbeilage passen gut dazu.

# BROKKOLILAIBCHEN

## Zutaten

**für 4 Personen:**

1 großer Brokkoli oder Karfiol

200 g Dinkelmehl

120 g würziger Hartkäse

1 Knoblauchzehe

1 Handvoll Kräuter

2 Eier

Pfeffer

Salz

Rapsöl

## Zubereitung

Den Brokkoli oder Karfiol in sehr kleine Röschen aufteilen, vorsichtig nicht ganz weich kochen. Abgekühlt mit Mehl, würzigem Hartkäse, einer gepressten Knoblauchzehe, den verquirlten Eiern und den fein gehackten Kräutern gut vermischen und mit Pfeffer und Salz abschmecken. Reichlich Rapsöl in einer Pfanne erhitzen, die Laibchen anbraten, flach drücken, wenden und aus der Pfanne nehmen, sobald sie goldbraun sind.

---

# CORDON VERT

## Zutaten

**für 4 Personen:**

1 Hokkaidokürbis

4 große Scheiben Ziegenkäse

16 Salbeiblätter

1 Ei

je eine Handvoll Semmelbrösel und geriebene Haselnüsse

5 Knoblauchzehen

Olivenöl

etwas Butter

Rapsöl

Salz, Pfeffer

## Zubereitung

Den Kürbis schälen, in jeweils mindestens einen halben Zentimeter dicke Scheiben schneiden und im Rohr bei 180 °C gemeinsam mit den geschälten Knoblauchzehen auf einem mit Olivenöl beträufelten Blech backen, bis er bissfest ist. Abkühlen lassen, salzen und pfeffern. Jeweils eine Seite der Kürbisscheiben mit davor in heißer Butter geschwenkten Salbeiblättern belegen, die andere mit Knoblauch bestreichen. Zwischen zwei Kürbisscheiben jeweils eine Käsescheibe legen, mit zwei Zahnstochern fixieren und die „Cordon Verts" mit dem verquirlten Ei und der Mischung aus Bröseln und Haselnüssen panieren. In der Pfanne mit heißem Rapsöl herausbraten.
Schmeckt auch wunderbar auf frischen Krautfleckerln
(siehe S. 166).

# WAS BRAUCHT ES FÜR „BESSER ESSEN"?
## — Alfred Pointner

© Sabine Köstler

Alfred Pointner ist Chef und Koch des Restaurants „Gelbes Krokodil" in Linz (www.krokodil.at).

**1** **Was läuft derzeit schief bei unserer Ernährung?**

Österreich hat keine ausgeprägte Kochkultur. Die zwei Weltkriege verhinderten die Weiterentwicklung der vielfältigen Küche der k. u. k-Zeit. In den 1950er- und 1960er-Jahren waren einfach andere Prioritäten gefragt. Die nächste Generation wurde von der Lebensmittelindustrie auf Milch-, Fleisch- und Wurstwaren, Kartoffeln und Semmeln konditioniert.

**2** **Was ist notwendig für „Besser Essen"?**

Ein besseres Essen braucht einen hohen hitzebehandelten Gemüseanteil und manchmal Rohkost, wie Salate. So oft wie möglich sollten (Pseudo-)Getreideprodukte und Hülsenfrüchte in den Mahlzeiten verarbeitet werden. Im Sommer frisches, im Winter eingekochtes Obst, milchsauer vergorenes Gemüse, verteilt über das Jahr, und es fehlt an nichts. Frisches Fleisch und heimischer Fisch bester Qualität ergänzen die Mahlzeiten.

**3 Wie versuchst du, das zu leben?**

Als Restaurantkoch mit einer sehr abwechslungsreichen Speisekarte habe ich Glück, auch während der Arbeitszeit gut versorgt zu sein.

**4 Was wünschst du dir diesbezüglich von der Politik?**

Die Bereitstellung von „Gemeinschafts-Gemüsegärten" in urbanen Räumen würde Bewusstheit schaffen und zum Selberkochen anregen. Die Qualität des Essens für Kinder und Jugendliche während der Ganztagsbetreuung kann wesentlich verbessert werden. Die Lebens- und Genussmittelindustrie manipuliert unser Kaufverhalten mit Milliardenaufwand. In Österreich fehlt der Gegenpol in Form eines starken, anerkannten ExpertInnengremiums. Dieses Gremium sollte öffentlich und fundiert Stellung beziehen, Fehlentwicklungen aufdecken und Grundlagen für die Legislative erarbeiten.

# KÜRBISQUICHE

## Zutaten

**für 4 Personen:**

1 Rolle fertiger Dinkel-Blätterteig

½ kg Kürbis

2 Knoblauchzehen

2 Schalotten

Rapsöl

1 Handvoll Kräuter

3 Eier

Obers

1 Becher Sauerrahm

1 Handvoll geröstete und klein gehackte Haselnüsse

## Zubereitung

Kürbis, Knoblauchzehen und Schalotten schälen, fein hacken und in Öl dünsten. Kräuter und Haselnüsse beigeben, abschmecken und abkühlen lassen. Den Blätterteig in eine Quicheform legen, die Masse darauf verteilen und eine gut abgeschmeckte Soße aus den Eiern, etwas Obers und Sauerrahm darübergießen. Bei großer Hitze (220 °C) gut 20 Minuten im Ofen backen.

# KÜRBISRISOTTO

## Zutaten

**für 4 Personen:**

2 Knoblauchzehen

1 EL Butter

Rapsöl

3 kleine weiße Zwiebeln

½ kg geschälter und entkernter Kürbis

300 g Risottoreis

¾ l Gemüsebrühe

Salz

Pfeffer

frisch geriebener würziger Hartkäse

50 g Blauschimmelkäse

Weißwein

1 Handvoll Petersilie

## Zubereitung

Die gepressten Knoblauchzehen und klein gehackte Zwiebeln in Butter und Rapsöl andünsten und den geschälten, entkernten und in mundgerechte Stücke gehackten Kürbis beigeben und dünsten, bis er halb weich ist. Dann den Risottoreis beigeben und mit der Gemüsebrühe aufgießen. Petersilie beigeben und mit Salz, Pfeffer und Käse abschmecken.

**Tipp:** Eine leckere Variante ist es, gegen Schluss 50 g Blauschimmelkäse einzurühren und zum Ablöschen des Reises ganz am Beginn einen Schuss Weißwein verwenden. Fünf Minuten weiter ziehen lassen.

# KÜRBISLASAGNE

## Zutaten

**für 4 Personen:**

2 weiße Zwiebeln

Rapsöl

1 kg Kürbis

Kreuzkümmel

Paprikapulver

Fenchelsamen

Kümmel

Muskat

1 EL getrocknete Oregano-
Thymian-Mischung

Weinessig

150 g geriebener würziger
Hartkäse

2 Mozzarellakugeln

½ l Milch

40 g Dinkelmehl

40 g Butter

Salz, Pfeffer

Muskat

Lasagneblätter

Chilipulver

## Zubereitung

Zwiebeln fein schneiden und in Rapsöl anbraten. Den Kürbis schälen, entkernen, klein hacken und beigeben. Kräftig mit Kreuzkümmel, Paprikapulver, Chilipulver, Fenchelsamen, Kümmel, Oregano, Thymian und etwas Weinessig würzen, mit einem Achtel Wasser aufgießen und 10 Minuten köcheln lassen.

Aus Milch, Butter, Dinkelmehl, Parmesan, Muskat, Salz und Pfeffer eine klassische Béchamelsoße zubereiten. Die Kürbismasse in eine befettete Auflaufform dünn einschichten, darüber eine Lage Béchamelsoße, dann geriebenen Käse und abschließend die Lasagneblätter legen. Mehrfach wiederholen, als letzte Schicht Teigblätter mit dem Béchamel, dem geriebenen Hartkäse und dünnen Mozzarellascheiben bedecken. Die Kürbislasagne bei 200 °C ca. 20–25 Minuten backen, bis die Teigblätter gar sind und die Lasagne eine schöne goldbraune Farbe hat.

# ERDÄPFELNUDELN – DER GESCHMACK MEINER KINDHEIT

## Zutaten

**für 4 Personen:**

½ kg mehlige Erdäpfel

¼ kg weißes Dinkelmehl

1 Ei

Muskat

Butter

Salz und Pfeffer

Sauerrahm

Schnittlauch

grüner Salat

## Zubereitung

Erdäpfel kochen und pressen. Mit dem Mehl sehr gut mischen und das Ei beigeben, mit Muskat, Salz und Pfeffer abschmecken. Daraus einen Teig kneten und diesen zu daumendicken Nudeln in beliebiger Länge walzen. In eine gebutterte feuerfeste Form geben und im Rohr bei 200 °C backen, bis sie goldbraun sind. Dazu passt ein knackiger grüner Salat.

**Gut zu wissen:** Meine Mutter hat dazu Sauerrahm mit Schnittlauch vermischt, in die wir Kinder die Nudeln dann tunken konnten. Die Mutter meiner Partnerin Petra macht's genauso. Aber sie muss ein Geheimnis haben, denn an den Geschmack ihrer „Wuzi" komme ich nicht heran.

---

# ERDÄPFELPÜREE IN ALLEN GESCHMÄCKERN

## Zutaten

**für 4 Personen:**

1 kg Erdäpfel

100 g Butter

½ Becher Sauerrahm

etwas Milch

## Zubereitung

Die ungeschälten Erdäpfel vierteln und auf einem Backblech – mit Salz und etwas Öl beträufelt – 45 Minuten bei 180 °C herausbraten. Die Erdäpfel zerstoßen, Butter beigeben, gut durchrühren, Sauerrahm und etwas Milch zufügen und mit Salz, Muskat und Pfeffer abschmecken. Das ist die Urversion.
Zusätzlich kann man mit vielen vorhandenen Gemüse- und Kräutersorten experimentieren, je nachdem, welche Hauptspeise das Püree begleiten soll und welches Gemüse vorhanden ist. Das Gemüse wird jeweils weich gekocht, gepresst und in das Erdäpfelpüree gerührt.

**Tipp:** Als Gemüsebeigabe eignen sich Petersilie, Kürbis oder Kohlrabi wunderbar.

# WAS BRAUCHT ES FÜR „BESSER ESSEN"?
## — Nicole Bürstinger

© Privat

Nicole Bürstinger ist Köchin aus Gaspoltshofen und kocht bei den Kochshows des OÖ. Umweltressorts (www.mitkochen.at).

**② Was ist notwendig für „Besser Essen"?**

Das Wichtigste ist frisch zu kochen. Auch wenn jemand wenig Zeit hat, gibt es gerade in der gesunden Küche viele Gerichte, die in weniger als 15 Minuten zubereitet sind. Man soll auf die Qualität von Lebensmitteln achten und auf die Saison, wann gerade etwas wächst.

**③ Wie versuchst du, das zu leben?**

Ich koche täglich frisch mit Produkten aus kontrolliert biologischem Anbau. Vorwiegend kaufe ich meine Lebensmittel bei Landwirten in der Nähe und Obst und Gemüse habe ich im eigenen Garten.

**① Was läuft derzeit schief bei unserer Ernährung?**

Ich glaube, ein großes Problem liegt im Überangebot von Lebensmitteln mit künstlich zugefügten Aromen und Geschmacksverstärkern. Der Geschmack von natürlichen Lebensmitteln geht verloren. Viele nehmen sich keine Zeit zum Kochen.

**④ Was wünschst du dir diesbezüglich von der Politik?**

Mehr Aufklärung über „falsche Ernährung" und was es für unseren Körper bedeutet, mit Workshops an Schulen, an denen auch die Eltern teilnehmen können. Ernährungskunde sollte in den Unterrichtsplan mit einbezogen werden.

# GEMÜSECURRY MIT BASMATIREIS

— von **Nicole Bürstinger**

## Zutaten

**für 4 Personen:**

1 kleine Tasse Champignons

1 Zucchini

2 Paprikaschoten (grün, rot oder gelb)

3 Paradeiser

2 Petersilienwurzeln

2 Zwiebeln

2 Knoblauchzehen

1 ½ EL Currypulver

180 ml Wasser

200 ml ungesüßte Kokosmilch (oder Schlagobers-Wasser-Mischung 1:1)

Salz

150 g Basmatireis

## Zubereitung

Das Gemüse waschen und würfelig schneiden. Den Basmatireis kalt abbrausen, mit ca. 180 ml kaltem Wasser in einen Topf geben, salzen und kurz aufkochen lassen. Bei milder Hitze zugedeckt 10 Minuten garen. Das Currypulver mit den gehackten Knoblauchzehen und der Kokosmilch mischen und bei mittlerer Hitze auf drei Viertel einkochen lassen. Inzwischen in einer hohen Pfanne oder Wok etwas Pflanzenöl erhitzen. Die Gemüsewürfel (außer den Paradeisern) unter ständigem Rühren braten. Die Kokosmilch-Currypulver-Mischung hinzufügen. Paradeiser beigeben, mit Salz und Pfeffer abschmecken und ca. 2 Minuten köcheln lassen. Mit dem Basmatireis anrichten.

**Tipp:** Das im Rezept angegebene Gemüse kann durch sämtliches Gemüse der Saison ersetzt werden.

# SELLERIE-PICCATA

## Zutaten

**für 4 Personen:**

je nach Größe 1–2 Sellerieknollen

Mehl

Eier

Parmesan

Salz

**Für die Passata:**

1 Dose gewürfelte Paradeiser

1 weiße Zwiebel

1 Lorbeerblatt

Zucker

Salz

Petersilie

300 g Spaghetti

## Zubereitung

Ich liebe Piccata Milanese sehr. Aber noch besser schmeckt sie mit Sellerie statt Fleisch: Sellerieknolle in knapp 1 cm dicke Scheiben schneiden und in gut gesalzenem Wasser al dente kochen. Die Sellerieschnitzel mit Mehl, Eiern und Parmesan panieren, herausbacken und im Rohr leicht temperiert ruhen lassen. Passata: klein gewürfelte Zwiebel in Olivenöl anschwitzen, Zucker kurz mitrösten, die gewürfelten Tomaten und das Lorbeerblatt dazugeben und alles gut durchkochen lassen; mit Salz, Pfeffer, Petersilie und evtl. einem Schuss Balsamico abschmecken. Al dente gekochte Spaghetti mit der Passata vermischt in einen tiefen Teller geben und die Sellerieschnitzel drauflegen, evtl. noch mit ein paar in Butter geschwenkten Salbeiblättern dekorieren.

# SELLERIE-CORDON BLEU

— das Lieblingsrezept von **Günter Achleitner**

## Zutaten

**für 4 Personen:**

1–2 Sellerieknollen,
je nach Größe

Käse, z. B. Vorarlberger Rüblikäse

Schinken

Mehl, Eier, Brösel zum Panieren

Butterschmalz

## Zubereitung

Sellerie in einen halben Zentimeter dicke Scheiben schneiden und diese kurz blanchieren. Zwischen je 2 Selleriescheiben 1 Blatt Käse und 1 Blatt Bauernschinken legen und das Cordon bleu panieren und in Butterschmalz herausbacken. Dazu passen Petersilerdäpfel und Chinakohlsalat.

**Tipp:** Den Chinakohlsalat mit Porree verfeinern und mit Apfelessig, Walnussöl und Agavendicksaft marinieren.

# WAS BRAUCHT ES FÜR „BESSER ESSEN"?
## — Günter Achleitner

© Privat

Günter Achleitner ist Eigentümer und Geschäftsführer des Biohofs Achleitner.

**1** **Was läuft derzeit schief bei unserer Ernährung?**

Durch den Einsatz von „Kunstdünger und Spritzmittel" wurde nach den Entbehrungen des Zweiten Weltkriegs eine ausreichende Lebensmittelversorgung angestrebt. Die fortschreitende Industrialisierung begünstigte die Erzeugung von minderwertigen Produkten mit oftmals nicht transparenten Zusätzen, deren Zusammensetzung von Konsumenten schwer zu durchblicken ist. Viele Menschen essen heute zu viel, zu mangelhaft, zu belastet und zu gestresst.

**2** **Was ist notwendig für „Besser Essen"?**

Als Basis sehe ich eine vollwertige Ernährung mit gesicherten rückstandsfreien Lebensmitteln. Die Hauptbestandteile sollten Gemüse, Obst und Getreide sein; der bewusste Umgang mit Fleisch aus regionaler biologischer Produktion schließt Gesundheit und Verantwortlichkeit nicht aus. Genussmittel (Kaffee, Alkohol, Süßes) sollen eine Bereicherung des Alltags darstellen, ohne den Menschen zu beherrschen.

### 3 Wie versuchst du, das zu leben?

Ich freue mich, dass mir das umfangreiche genussvolle Angebot an Bio-Lebensmitteln eine biologische Ernährungsweise fast immer und überall möglich macht. Nachdem meine Frau Ilse bereits vor über 20 Jahren begann, Familie und Mitarbeiter biologisch zu bekochen, führen wir diese Gewohnheit in unserem Bio-Kulinarium weiter und machen das vielen Menschen zugänglich.

### 4 Was wünschst du dir diesbezüglich von der Politik?

- Förderung des Biolandbaus
- Verbot der Gentechnik in Landwirtschaft und Ernährungsindustrie
- Strenge Kontrollen in der Lebensmittelproduktion
- Aufklärung über richtige Ernährung schon bei Kindern und Jugendlichen

# BIRNENRISOTTO

## Zutaten

**für 4 Personen:**

1 rote Zwiebel

Rapsöl

300 g Risottoreis

¼ l Weißwein

3 sehr reife Birnen

¾ l Gemüsebrühe

150 g Schimmelkäse

Butter

1 Handvoll frisch geriebener,
würziger Hartkäse

Salz

Pfeffer

3 Nelken

1 kleine Handvoll Salbeiblätter

## Zubereitung

Zwiebel klein hacken, in Rapsöl anbraten und den Risottoreis beigeben. Kurz anschwitzen und mit Weißwein ablöschen. Schrittweise mit Gemüsebrühe aufgießen und nach Verbrauch der Hälfte der Brühe die geschälten Birnen ohne Kern in mundgerechte Würfel schneiden und zum Reis hinzugeben. Mit Gemüsebrühe immer wieder aufgießen, bis der Reis gar ist. Nun klein gehackten Salbei und Nelken in Butter schwenken und beigeben. Zum Schluss Schimmelkäse einrühren und mit jeweils einem kleinen Stück Butter und Hartkäse sowie etwas Salz und Pfeffer abschmecken.

# LEBENSMITTEL-VERSCHWENDUNG – EIN SKANDAL MIT SYSTEM

**D**ie Fakten zeigen den Irrsinn: Während eine Milliarde Menschen mangelernährt sind, landet weltweit mehr als ein Drittel der Nahrungsmittelproduktion im Müll. Das sind Jahr für Jahr unfassbare 1,3 Milliarden Tonnen. Diese Lebensmittelverschwendung zerstört auch das Klima unseres Planeten. Denn mit einer durch sie verursachten $CO_2$-Emission von 3,3 Milliarden Tonnen pro Jahr ist die Lebensmittelverschwendung der drittgrößte $CO_2$-Emittent. 30 Prozent des Agrarlandes und eine Wassermenge, die dem jährlichen Durchfluss der Wolga entspricht, werden so völlig sinnlos verschwendet.

Das berichtet die Welternährungsorganisation FAO, die den Wert der verschwendeten Lebensmittel mit 550 Milliarden Euro pro Jahr beziffert. Seit 1970 hat sich der globale Essensmüllberg um 50 Prozent vergrößert. Carlo Petrini, der Gründer von „Slow Food International", bezeichnet die Lebensmittelverschwendung als das stärkste Symbol dafür, „bei welcher Idiotie" wir in unserem Ernährungssystem angelangt sind, und sieht als Hauptursache: „Das Essen hat völlig an Bedeutung verloren, Menschen verlieren den Bezug zum Essen und zur Einbindung der Natur."

In Oberösterreich entsteht laut Analyse Jahr für Jahr alleine im Restmüll ein Abfallberg im Wert von 277 Euro je Haushalt durch Lebensmittelverschwendung. Das ist ein dramatisch hoher Wert, nach Jahren der Aufklärung aber sogar deutlich unter dem Schnitt der Industrieländer. Ist das die westliche „Zuvielisation"? Die Unkultur des Überflusses? Ist Industrieessen so billig, dass es achtlos weggeworfen wird? Eine Werbelawine impft uns ein, dass wir alle Lebensmittel überall rund um die Uhr benötigen. Viele kaufen immer schneller immer öfter immer mehr. Kaufen in Mengenlockangeboten drei und zahlen zwei, obwohl sie nur eines benötigen. Lebensmittelverschwendung ist ein Skandal mit System, dessen Teil wir sind und der von der Politik hingenommen wird: Im Sinn wachsender Umsätze der globalen Lebensmittelindustrie funktioniert das System, denn die abverkauften Mengen wachsen, obwohl sie zum Teil niemand mehr konsumiert.

Die Essensindustrie produziert zulasten von Natur, Tier und Mensch und unter Gefährdung der Gesundheit scheinbar billige Lebensmittel in Mengen, die in den Industrieländern nicht benötigt werden. Die Lebensmittelverschwendung hat viele Ursachen:
• Viele von uns haben den Bezug zu Lebensmitteln, den Respekt vor Lebensmitteln verloren.
• Lebensmittel haben in unserer Gesellschaft vielfach ihren Wert verloren.
• Das System der **Mengenlockangebote** wird von der Politik weiter zugelassen: Die Werbung mit Sonderangeboten für Großmengen ist eine der Hauptursachen für Lebensmittel im Müll.
• Das System des **Mindesthaltbarkeitsdatums** sorgt für rasche Entsorgung noch guter Lebensmittel: Viele Konsumentinnen und Konsumenten halten das entsprechende Produkt nach dem Überschreiten dieses Datums fälschlicherweise für nicht mehr essbar. Das Mindesthaltbarkeitsdatum ist jedoch lediglich eine Garantie des Herstellers für die Qualität des Produktes. Im Gegensatz zum Verbrauchsdatum oder Ablaufdatum kann nach dem Überschreiten des Mindesthaltbarkeitsdatums ein Produkt noch lange gut genießbar sein.
• Das System der **B-Ware** sorgt dafür, dass Lebensmittel mit optischem Makel den Weg zur Konsumentin beziehungsweise zum Konsumenten nicht finden. Karotten mit zwei Wurzeln, die Größennorm unterschreitende Erdäpfel und der Apfel mit einer kleinen Schramme werden daher im Regelfall aussortiert oder bleiben am Feld. Die EU-Vermarktungsnorm für Gurken war jahrelang das bekannteste Synonym für überschießende Regulierung. Mit 1. Juli 2009 wurden die Normen für 26 Erzeugnisse aufgehoben, darunter auch die kritisierte Norm für Gurken. Die neue Rechtslage sieht Vermarktungsregeln für „nur mehr" zehn Gemüse- beziehungsweise Obstsorten vor. Diese betreffen die wichtigsten Sorten auf dem Frischmarkt der EU: Paradeiser, Gemüsepaprika, Salate, Tafeltrauben, Erdbeeren, Birnen, Pfirsiche, Nektarinen, Zitrusfrüchte und Äpfel. Apropos Äpfel: 2.000 Apfelsorten gibt es in Deutschland, nur fünf finden den Weg in den konventionellen Supermarkt.
• Viele haben nicht gelernt, Lebensmittel richtig zu lagern und haltbar zu machen.

Wir alle sind mehr oder weniger Teil dieses Systems. Mit relativ einfachen Maßnahmen könnten wir die Menge der verschwendeten Lebensmittel kurzfristig halbieren:
• Wir können mit einer Einkaufsliste und ohne Hunger einkaufen gehen.
• Supermärkte können die Mengenlockangebote abschaffen (oder abschaffen müssen). In Oberösterreich verwirklichen dies bereits mehrere Handelsketten auf Basis einer freiwilligen Vereinbarung.
• Aufhebung der EU-weiten Vermarktungsnormen, die zur Abwertung der sogenannten B-Ware und damit zum Aussortieren nicht der Norm entsprechender Lebensmittel führen. Lebensmittel mit unterschiedlichen Formen und optischer Vielfalt schmecken sogar besser!

Übrigens: Die „krumme" Gurke ist zwar in der EU „legalisiert", dennoch im Supermarkt selten zu finden. Die Ursache: Kerzengerade Gurken lassen sich platzsparender stapeln. Seien Sie ein kritischer Konsument – verlangen Sie Vielfalt!

• Enormes Einsparungspotenzial haben Großküchen: Das Linzer Krankenhaus der „Elisabethinen" konnte zum Beispiel in nur einem Jahr den Lebensmittelabfall durch einfache Maßnahmen um zwölf Tonnen verringern.

• Den Übergang vom Mindesthaltbarkeitsdatum zum Ablaufdatum vollziehen oder zumindest breite Informationskampagnen über die Aussagekraft des Mindesthaltbarkeitsdatums initiieren. Seine fünf Sinne zu benützen und Wissen anzuwenden ist wichtiger als das Mindesthaltbarkeitsdatum (MHD). Bei Schimmelbildung sollte das Lebensmittel nicht mehr verzehrt werden, auch bei Fisch, Fleisch und Wurst beachte ich das MHD. Beschädigte Konserven sollten ebenfalls gemieden werden. Milchprodukte, Zucker, Salz, Hülsenfrüchte, Öl, Nüsse, getrocknete Früchte und vieles mehr können meist darüber hinaus konsumiert werden. Unverarbeitete Lebensmittel haben übrigens gar kein Mindesthaltbarkeitsdatum.

• In einem Unterrichtsgegenstand „Esskultur" sollen Schülerinnen und Schüler bereits von Jugend über das Lagern und das richtige Haltbarmachen von Lebensmitteln und generell über die Vermeidung von Lebensmittelverschwendung informiert werden.

• Unsere Gesellschaft muss Lebensmitteln wieder ihren Wert zugestehen und damit auch den Produzentinnen und Produzenten gegenüber mehr Respekt leben.

• Machen Sie mit beim Tauschen und Teilen von nicht mehr benötigten Lebensmitteln, anstatt sie wegzuwerfen – das geht ganz einfach über das Foodsharing-Netzwerk mit seinen „Fair-Teiler-Projekten" (www.myfoodsharing.at).

• Wir müssen als Konsumentin und Konsument nicht bis zum Ladenschluss frisches Brot in voller Auswahl verlangen. Werden die Bäckereien gezwungen, dies zu tun, ist der Brotberg im Abfall die logische Folge. 20 Prozent mehr Brot und Gebäck, als verkauft werden kann, muss täglich gebacken werden, damit alle Sorten bis zum Ladenschluss angeboten werden können.

## DIE FRISCHE VON LEBENSMITTELN

Sarah Wiener gibt in ihrem Buch „Zukunftsmenü" gute Tipps, um die Frische von Lebensmitteln selbstständig beurteilen zu können:

• **Eier:** Legen Sie ein rohes Ei in ein Glas mit Wasser. Bleibt das Ei auf dem Boden liegen, ist es ganz frisch. Wenn es sich aufrichtet, ist es noch immer zu verwenden. Schwimmt es oben, ist es nicht mehr genießbar.

• **Käse:** Solange er nicht verschimmelt ist (Ausnahme Schimmelkäse), kann man beruhigt in ihn reinbeißen. Einfach den Anschnitt wegschneiden. Fein reiben geht auch, dann kann man ihn zum Würzen oder Überbacken verwenden.

• **Joghurt:** Wird nicht so schnell schlecht, wie man denkt. Wenn, dann schimmelt es oder es riecht sehr unangenehm. Beides kann man leicht erkennen.

Der deutsche Journalist Valentin Thurn ist ein Vorkämpfer gegen die Lebensmittelverschwen-dung. Sein Film „Taste the Waste" und sein Buch „Die Essensvernichter" haben den Skandal für viele sichtbar gemacht.

Das Umweltressort des Landes Oberösterreich hat in Kooperation mit Valentin Thurn eine Menge Initiativen zur Halbierung der Lebensmittelverschwendung gestartet, unter anderem eine Infoausstellung, Kochshows auf öffentlichen Plätzen, „Fair Teiler", Workshops mit den Verantwortlichen für öffentliche Küchen, Arbeitsgruppen mit Handelsketten, den freiwilligen Verzicht auf Mengenlockangebote.

• „Fair Teiler" sind Kühlschränke oder Regale in öffentlichen Gebäuden, in die nicht mehr benötigte Lebensmittel gelegt und frei entnommen werden können. Standorte und Infos auf www.myfoodsharing.at.

• Bei den Kochshows „Kochtopf statt Mistkübel" werden in ganz Oberösterreich auf öffentli-chen Plätzen auf Herdplatten, die auf einem Müllcontainer angebracht wurden, Lebensmittel verkocht, die als B-Ware wunderbar schmecken, aber nicht zum Verkauf gebracht werden. Dazu gibt's Infomaterial gegen Lebensmittelverschwendung und Praxisvorführungen, wie das richtige Haltbarmachen von Lebensmitteln funktioniert. Mit viel Genuss wird so Informa-tion gegeben. Termine auf: www.anschober.at.

# WAS BRAUCHT ES FÜR „BESSER ESSEN"?

## — Helmut Rachinger

© Jörg Lehmann

Helmut Rachinger ist Chef im Restaurant und Hotel „Mühltalhof" in Neufelden (www.muehltalhof.at).

**1** **Was läuft derzeit schief bei unserer Ernährung?**

Bewusste Ernährung hat in unserer Konsumgesellschaft ihren Stellenwert verloren – u. a. durch die riesige Billig-Aktions-Vielfalt, zu viel Zucker, zu viel Fett und dazu weniger Bewegung. Im Familienkreis nimmt man sich immer weniger Zeit zum gemeinsamen Essen und Beisammensein – aber gerade hier gilt: „Was Hänschen nicht lernt, lernt Hans nimmer mehr."
Schnellimbiss und Junkfood-Angebote bieten einfache Lösungen, ohne dass man sich bewusst ist, was das langfristig mit sich bringt.

**2** **Was ist notwendig für „Besser Essen"?**

Nicht unbedingt mehr Budget, sondern mehr Zeit (für Speisenplanung, Einkauf, Zubereitung …) – Gelegenheiten nützen! Das Bewusstsein für hochwertige Nahrungsmittel sollte wieder kultiviert und gepflegt werden.

Der einfachste Weg: Miteinander essen und genießen, was man zubereitet hat.

**3** **Wie versuchst du, das zu leben?**

Mit Organisation, bewusstem Einplanen und Disziplin: Wir kaufen unsere Zutaten nicht aus reinem Selbstzweck regional ein, sondern weil wir nur so die Qualität bekommen, die wir für unsere Arbeit brauchen. Wir kochen einfach echtes Essen.

**4** **Was wünschst du dir diesbezüglich von der Politik?**

Es ist wichtig, die Aufmerksamkeit von jungen Leuten und Schülern schon mit den richtigen Angeboten zu schärfen, „fördern durch fordern" also. Die Politik hat in diese Richtung viel dazu beigetragen, es arbeiten schon wieder mehr kleine Produzenten mit großer Begeisterung daran, gute Produkte herzustellen.

# VOM WERT UNSERER LEBENSMITTEL

**D**er Anteil jener Kosten an den Gesamtausgaben unserer Haushalte, der für die Ernährung aufgewendet wird, ist in den letzten Jahrzehnten deutlich gesunken: Waren es in Österreich 1954 noch 45 Prozent der Gesamtausgaben, so sank dieser Anteil bis 1974 auf 27 Prozent und liegt nun bei rund 12 Prozent. Zum Vergleich: In Deutschland sind es 11 Prozent, in Italien je nach Untersuchung zwischen 14 und 18 Prozent. Natürlich sind dies Durchschnittswerte, die je nach Einkommenssituation sehr schwanken: Haushalte mit geringerem Einkommen müssen oft nach wie vor mehr als die Hälfte für Ernährung und Wohnen ausgeben.

Die EU-Konsumentinnen und -Konsumenten beachten bei ihrer Einkaufsentscheidung laut Eurobarometer-Befragung vorrangig Qualität und Preis. 54 Prozent bezeichnen den Preis von Lebensmitteln als die wichtigste Grundlage für ihre Kaufentscheidung. Oberösterreichs Konsumentinnen und Konsumenten sind anders: Die überwiegende Mehrheit bezeichnet die Qualität als Hauptkriterium. Und nach jüngster Umfrage der EU-Kommission fordern zwar 90 Prozent der EU-Konsumentinnen und Konsumenten eine bessere Herkunftskennzeichnung bei allen Fleischprodukten, aber lediglich 20 Prozent wären bereit, dafür 5 oder 10 Prozent mehr zu bezahlen.

Der Preis für Fleisch hat sich in den letzten Jahrzehnten weit unter dem Verbraucherindex und den Lohnsteigerungen entwickelt: Seit 1986 sind in Österreich die Verbraucherpreise um insgesamt 76 Prozent gestiegen, die Spritpreise um über 130 Prozent, der Preis für Fleisch hingegen nur um 69 Prozent. Gleichzeitig sind die Tariflöhne im Durchschnitt um 120 Prozent gestiegen. Im Vergleich ist also Fleisch deutlich billiger geworden.

Beim bäuerlichen Produzenten bleibt jedenfalls zu wenig: Durchschnittlich 35 Cent erhielt ein landwirtschaftlicher Betrieb 2012 für einen Liter Milch, 16 Cent für 1 kg Brot, einen Cent für eine Semmel, 9 Cent für 1 kg Karotten, oft nur 1,80 Euro für das Kilo Schweinefleisch. Skandalös wenig Geld für so lebenswichtige Produkte. Waren es Anfang der 1970er-Jahre 50 Cent, die die Landwirtinnen und Landwirte von jedem Euro erhielten, den Konsumentinnen und Konsumenten für Lebensmittel ausgaben, so sind es heute in Deutschland lediglich 25 Cent. Der Preiskampf nimmt immer stärker zu und verschärft den Druck auf die bäuerliche Produktion. Die Mega-Essensindustrie schafft immer größere Strukturen, die den Preisdruck auf eine faire bäuerliche Erzeugung dramatisch erhöhen. Wohin die Reise geht – wenn wir nicht eingreifen –, zeigen die USA: 37.000 Milchkühe stehen derzeit etwa in einer einzigen Milchfarm in der Nähe der Metropole Chicago, drei Mal am Tag werden sie gemolken.

Der Preis zeigt den Wert: Eine halbe Stunde Parken kostet in einigen österreichischen Landeshauptstädten einen Euro. Ein Kilogramm Schweinefleisch aus Österreich ist zum Aktionspreis um 3,50 Euro zu haben, gemischtes Faschiertes um 4 Euro, Hühnerkeulen und Rindsgulasch um 5 Euro das Kilogramm. Und auch bei Wild werden den Jägerinnen und Jägern in Oberösterreich nur Dumpingpreise bezahlt – 2 Euro für einen Hasen, 1 Euro für einen Fasan. Der Preis ist im Keller, vor allem weil viel Wild aus Neuseeland und anderen Regionen importiert wird. Ein Hase für den Preis von einer Stunde Parken, ein Fasan für eine halbe Stunde – ist ein Kilo gemischtes Faschiertes wirklich nicht mehr wert als zwei Stunden Parken? Die Werte von Leben und Lebensmittel sind völlig aus dem Lot geraten.

Die Relation stimmt nicht mehr. Das zeigt auch dieser Vergleich: Motoröl ist im Schnitt doppelt so teuer wie Speiseöl. Klaus Dutzler, der 2014 für die ORF-Sendung „Am Schauplatz" einen eindrucksvollen Report über die Schweinezucht in Österreich gedreht hat, rechnet vor: „Inflationsbereinigt hat Schweinefleisch 1975 fünfmal so viel gekostet wie heute." Sparen am falschen Platz kommt uns teuer zu stehen. Es schadet unserer Gesundheit und der Natur, zerstört Arbeitsplätze, verflacht den Geschmack und verlagert die Wertschöpfung aus der Region in die Taschen einiger weniger globaler Essensmultis.

Für viele sind die Kosten für Lebensmittel trotzdem eine zu große Belastung. Es darf keine Zwei-Klassen-Gesellschaft bei der Qualität der Ernährung geben. Schlechte Löhne und eine wenig ambitionierte Sozialpolitik dürfen nicht immer mehr Betroffene zum Sparen bei der Qualität von Lebensmitteln zwingen. Aber einige sinnvolle Einsparungen sind tatsächlich für uns alle dadurch möglich, indem wir seltener Fleisch kochen, indem wir Lebensmittelverschwendung drastisch verringern, den Energieverbrauch in der Küche senken und vor allem indem wir selbst kochen.

Offensichtlich haben wir verlernt, zwischen Preis und Wert zu unterscheiden. Billiges Fleisch zum Beispiel hat für uns alle einen hohen Preis. Denn im Verkaufspreis nicht eingerechnet sind die hohen Umweltkosten von Massentierhaltung (Klima, Grundwasser). Internationale Dumpingpreise kommen etwa in Deutschland seit Jahren durch skandalöse moderne Sklaverei zustande: Das ZDF-Magazin „Frontal 21" hat 2013 von Arbeiterinnen und Arbeitern aus Ungarn berichtet, die in deutschen Mega-Schlachthöfen für 10 bis 14 Stunden Arbeit am Tag 362 Euro für zwei Monate erhalten haben. Löhne von 4,90 Euro pro Stunde für Werksver-

tragsnehmerinnen und -nehmer aus Osteuropa waren in den vergangenen Jahren in deutschen Fleischfabriken Normalität.

## Sparen wir am falschen Platz?

Ich habe 2013 mit dem Chefkoch des Linzer Restaurants „Gelbes Krokodil", Alfred Pointner, den Praxistest gemacht und zum Vergleichskochen aufgerufen. Einmal ganz abgesehen von einem gewaltigen Geschmacksunterschied: Im Supermarkt gekaufte Fertigtiefkühllasagne kostete zwischen 1,49 und 2,99 Euro (350 g bis 400 g). Die selbst gekochte Lasagne lag inklusive aller Kosten bei 1,60 Euro (Gemüselasagne) beziehungsweise bei 1,90 Euro (Fleischlasagne). Für eine Bio-Lasagne mussten wir 2,30 Euro kalkulieren. Also: Die selbst gekochte Lasagne war preisgünstiger – und vor allem im Geschmack konkurrenzlos. Wenn nun ein Teil des Gemüses selbst gezogen wird, geht der Kostenvergleich noch viel eindeutiger zugunsten von Selbstgekochtem aus.

2014 hat die britische Tageszeitung The Guardian, die seit Jahren einen auch in Sachen Ernährung extrem engagierten Journalismus zeigt, einen umfassenden Preisvergleich zwischen Fertigtiefkühlproduktion und vergleichbaren selbst gekochten Produkten durchgeführt. Das Ergebnis ist eindrucksvoll: In allen Teilbereichen war frisch Gekochtes preisgünstiger. Tiefkühllasagne erwies sich als viermal teurer, Tiefkühl-Carbonara als 2,5-mal teurer, auch Gemüsecurry aus dem Tiefkühlfach des Supermarkts war leicht teurer als selbst zubereitetes.

# SPAREN BEIM KOCHEN DURCH ENERGIESPAREN IN DER KÜCHE

Die Stromkosten von Elektrohaushaltsgeräten sind, abhängig von der Effizienzklasse, unterschiedlich hoch. Mit sehr effizienten Geräten können Sie über die gesamte Lebensdauer des Gerätes Stromkosten sparen. Ein Beispiel: Bei einer Kühl-/Gefrierkombination (450 Liter) liegt die Stromkostenersparnis bei einem A+++-Gerät gegenüber einem A-Gerät beim aktuellen Strompreis bei 48 Euro pro Jahr, in 15 Jahren sind das rund 720 Euro.

**Augen auf beim Gerätekauf:**
**Das „Energie-Pickerl" hilft, Kosten und Energie zu sparen!**

Haushaltsgeräte sind eine Investition für viele Jahre. Deshalb lohnt es sich, beim Kauf nicht nur auf den Anschaffungspreis, sondern auch auf die künftigen Stromkosten zu achten. In vielen Fällen übersteigen die Stromkosten über die Lebensdauer des Geräts dessen Anschaffungskosten! Das „Energie-Pickerl" hilft, das passende, energieeffiziente Gerät zu finden. So kann man beim Kauf nachhaltig Kosten und Energie für die nächsten 10 bis 15 Jahre sparen. Zahlreiche Produkte sind bereits mit dem seit vielen Jahren existierenden „Energie-Pickerl" gekennzeichnet. Jetzt neu: Die bekannte Skala A bis G wurde um die Klassen A+, A++ und A+++ erweitert. Die gesetzlich festgelegte Klasseneinteilung am Pickerl wird laufend den neuen technischen Entwicklungen und Effizienzsteigerungen angepasst.

Für viele Produkte gibt es bereits verbindliche maximale Stromverbrauchswerte. Das heißt, Geräte, die mehr Strom verbrauchen, dürfen nicht mehr auf den Markt gebracht werden. Auch wenn am Pickerl die Klassen A+++ bis D aufscheinen, dürfen meist nicht mehr alle dieserKlassen verkauft werden. Achtung: In vielen Fällen ist A+ oder A die „schlechteste" Klasse.

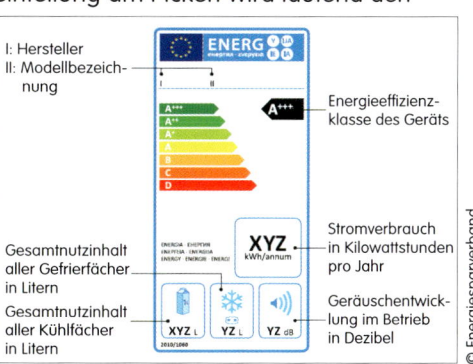

## Stromspartipps

**Kochen:**
- Restwärme der Herdplatte und des Backrohrs nutzen, das heißt, Herdplatte oder Backrohr 5 bis 10 Minuten früher ausschalten.
- Eine Thermoskanne hält den Kaffee billiger warm als die Warmhalteplatte der Kaffeemaschine.
- Kaffeemaschine, Wasserkocher etc. regelmäßig entkalken.
- Wasserkocher erhitzen Wasser effizienter und kostengünstiger als der Herd.
- Mit Deckel kochen (dreifacher Stromverbrauch ohne Deckel).

- Passende Topfgröße und Kochplatte benutzen.
- Das Vorheizen des Backrohrs ist in der Regel unnötig (Ausnahme: empfindliche Teige).

**Elektrobacköfen:**
- Beim Backen mit Umluft kann die Temperatur um 20–30 °C niedriger als bei Ober-/Unterhitze sein.
- Bei längeren Backzeiten (über 40 Minuten) kann rund 10 Minuten früher abgeschaltet und die Restwärme genutzt werden.
- Das Backrohr ist für kleine Mengen weniger wirtschaftlich.

**Geschirr spülen:**
- Niedrige Waschtemperatur wählen.
- Geschirrspüler nur vollgefüllt einschalten.
- Geschirr vorher nur kalt und nicht unter laufendem Warmwasser abspülen.
- Warmwasseranschluss: Wenn Sie eine thermische Solaranlage haben, ist die Anschlussmöglichkeit an die Warmwasserleitung überlegenswert. Damit kann der Stromverbrauch auf die Hälfte reduziert werden.
- Achten Sie beim Kauf auch auf den Wasserverbrauch (unter 10 Liter pro Spülgang).
- Richtige Programmwahl: Nutzen Sie, wenn möglich, Energiespar- oder Umweltprogramme (spülen meist bei 50 °C).

**Kühlen und Gefrieren:**
- Die Kühltemperatur reduzieren: 7 °C im Kühlschrank bzw. minus 18 °C in der Gefriertruhe reichen (Temperatur mit Thermometer überprüfen oder die kleinste Stufe einstellen).
- Türdichtungen, Lüftungsöffnung und Lüftungsschlitze regelmäßig kontrollieren und reinigen
- Gefriergut im Kühlschrank auftauen.
- Häufiges und langes Öffnen vermeiden.
- Keine warmen Speisen in den Kühlschrank beziehungsweise ins Gefrierfach geben.
- Geräte (wenn keine Abtau-Automatik vorhanden) regelmäßig abtauen.
- Wie groß soll der Kühlschrank sein? Für einen 2-Personen-Haushalt reichen in der Regel 100 bis 140 Liter Nutzinhalt, bei einer größeren Familie rund 50 Liter pro Person.
- „Kühlen" kommt billiger als „gefrieren": Kühlschränke ohne Gefrierfach brauchen rund 25 Prozent weniger Strom. Falls ein zusätzliches Gefriergerät vorhanden ist, beim Kühlschrank auf das Gefrierfach verzichten.
- Richtiger Aufstellort: Rund 6 Prozent weniger Stromverbrauch kann durch eine 1 Grad kältere Umgebungstemperatur erreicht werden. Der Aufstellort sollte nicht neben einer Wärmequelle (z. B. E-Herd, Heizkörper, direkte Sonneneinstrahlung) sein. Bei Unterbaugeräten auf Lüftungsschlitze achten.

Viele weitere Tipps und Informationen auf:
www.energiesparverband.at

# WAS BRAUCHT ES FÜR „BESSER ESSEN"?

## — Manfred Huber

© Sonnberg Biofleisch

Manfred Huber ist Chef von „Sonnberg" (www.biofleisch.biz).

**1 Was läuft derzeit schief bei unserer Ernährung?**

Es gibt ein Problem mit dem Fleisch! Es ist billig, es ist einfach zuzubereiten, aber wir wollen lieber nicht wissen, wie das Tier zum Fleisch wurde. Deshalb werden Tierhaltung, Fütterung, Schlachtung und Verarbeitung immer intensiver, um noch mehr und noch billigeres Fleisch anbieten zu können. Eines bleibt dabei auf der Strecke: das Wohl der Nutztiere und die Achtsamkeit den Lebewesen gegenüber.

**2 Was ist notwendig für „Besser Essen"?**

Jenes Fleisch kaufen, das aus artgerechter Tierhaltung und biologischer Landwirtschaft stammt! Generell muss mehr Transparenz und Bewusstsein geschaffen werden: „Was bedeutet es, wenn ein Tier zu Fleisch wird?" Daher haben wir uns entschlossen, einen Schaubetrieb zu machen, um Teile davon sichtbar werden zu lassen.

 **Wie versuchst du, das zu leben?**

Jedem sollten die Auswirkungen seines Konsumverhaltens im Hinblick auf die Folgen für die Umwelt, unsere Nachkommen … bewusst sein. Als Biobauer und Biofleischer sehe ich es als meine Aufgabe, Produkte für eine ausgewogene und gesunde Ernährung anzubieten, unter dem Motto: „Lieber weniger Fleisch, dafür die beste, echte Qualität."

 **Was wünschst du dir diesbezüglich von der Politik?**

Aufklärung findet schon in vielen Bereichen statt, diese ist aber leider oft nur halbherzig und wird somit oft nicht angenommen. Eine vorbildhafte Regelung, aber auch budgetäre Unterstützung für lebensmittelanbietende Landesbetriebe könnte mehr Zugang zu „besserem Essen" schaffen.

# 12. GANG

# REZEPTE DES WINTERS

**A**ngesichts abgeernteter Felder und einer Zeit, die weitgehend ohne Früchte in der Natur geprägt ist, meinen manche, der Winter sei für eine achtsame Küche eine Zeit des Verzichts. Das ist nicht der Fall. Aber der Winter schmeckt anders. Er schmeckt nach Kräutern, wärmenden Gewürzen, eingefrorener oder eingemachter Paradeiser-soße, Käse, Nüssen, Sellerieknollen und Rauner, Chutney, Kürbis, Rosenkohl, Zwiebel, Linsen, Bohnen, Mehlspeisen, Schokolade, Mohn und den vielen vorgekochten, einge-lagerten Erinnerungen an den Sommer. Genießen Sie den Geschmack des Winters!

# Das gibt's im Winter regional:

vom

- Apfel
- Birne
- Bohnenkraut
- Brokkoli
- Chicorée
- Chinakohl
- Erdäpfel
- Haselnuss
- Karotten
- Kürbis
- Lauch
- Maroni
- Pastinaken
- Petersilie

- Petersilwurzel
- Radieschen
- Rauner (Rote Rüben)
- Rosenkohl
- Rosmarin
- Rotkraut
- Salat
- Salbei
- Schalotten
- Schnittlauch
- Schwarzwurzel
- Sellerie
- Süßkartoffel

- Thymian
- Vogerlsalat
- Walnuss
- Winterspinat
- Wirsing
- Zwiebel

**Und das koche ich daraus ›››**

# MAMAS HÜHNERSUPPE

## Zutaten

**für 4 Personen:**

Reste eines am Vortag verarbeiteten Huhns

1 Stange Lauch

½ Sellerie

1 rote Zwiebel

4 Karotten

Suppennudeln

## Zubereitung

Restln eines am Vortag verkochten Huhns samt allen
Knochen in einem Topf Wasser zumindest eine Stunde
kochen. Gemüse in kleine Würfel schneiden, zum Huhn
geben und so lange köcheln, bis das Gemüse fast durch
ist. Nun mit Salz und Pfeffer abschmecken, die Nudeln
dazugeben und weiterkochen, bis diese al dente sind.

**Tipp:** Wenn im Winter die Nase läuft und die Grippe in
den Körper zu schleichen droht, dann hilft nur eins –
Mamas Hühnersuppe.

# BOHNENSUPPE
# AUS DEM VENETO

## Zutaten

**für 4 Personen:**

½ kg Borlotti-Bohnen oder
andere rosarote Bohnen
(über Nacht einweichen)

1 weiße Zwiebel

2 Selleriestangen

etwas Gemüsebrühe

Salz und Pfeffer

Petersilie, Olivenöl

200 g kleine Teigwaren oder
Bandnudeln

## Zubereitung

Bohnen über Nacht einweichen. Anschließend in einem
Topf mit nicht zu viel Wasser aufkochen, eine klein gehackte weiße Zwiebel, zwei gehackte Selleriestangen
und etwas Gemüsebrühe beigeben. Rund eine Stunde
köcheln lassen, bis die Bohnen gar sind. Nun alles pürieren. Gleichzeitig kleine Teigwaren nach Wahl al dente kochen. Alles zusammenmischen und auch etwas
Nudelkochwasser beifügen, bis eine gute Konsistenz
der Suppe erreicht ist. Mit Salz und Pfeffer, gehackter
Petersilie und Olivenöl abschmecken.

**Tipp:** Die Nudeln in der Suppe al dente kochen.
Ein Rezept aus bella Venezia.

# GLÜCKSSUPPE ZU NEUJAHR

## Zutaten

**für 4 Personen:**

1 Zwiebel

2 Selleriestangen

2 Karotten

2 Knoblauchzehen

350 g Dosenparadeiser

400 g Linsen

1 l Gemüsebrühe

1 Kopf Endiviensalat

1 Handvoll Kräutermischung

10 Esskastanien

1 Handvoll geriebener
würziger Hartkäse

einige Scheiben Altbrot

Salz und Pfeffer

etwas würziger Käse

4 Lorbeerblätter

## Zubereitung

Zwiebel, Selleriestangen und Karotten klein hacken, in Rapsöl andünsten und ein paar Minuten köcheln lassen. Klein gehackte Knoblauchzehen und die im Mörser fein zerriebenen Esskastanien beigeben und wieder etwas köcheln lassen. Etwas später 350 g Dosenparadeiser beigeben. Alles 10 bis 12 Minuten köcheln lassen. Nun die Linsen zugeben, mit der Gemüsebrühe aufgießen und eine halbe Stunde mit den Lorbeerblättern köcheln. Und nun das Besondere: Endiviensalat klein schneiden, in die Suppe geben und weitere 20 Minuten köcheln lassen, bis die Linsen weich sind. Mit Salz, Pfeffer und würzigem geriebenen Käse abschmecken. Als Einlage schmeckt getoastetes Altbrot.

**Gut zu wissen:** Auch diese Suppe habe ich in Italien, zu Neujahr im Lazio, kennengelernt. Traditionell sind Linsen in Italien am Neujahrstag das Symbol für ein erfolgreiches Jahr. Entsprechend häufig wird sie an diesem „Tag des Katers" auch zur Stärkung gekocht. Wichtig: Es muss das erste Essen im neuen Jahr sein, nur dann entfaltet es seine glücksbringende Wirkung.

# RAUNERSALAT

## Zutaten

**für 4 Personen:**

4 kleine Rauner (Rote Rüben)

2 Karotten

2 Staudensellerie

Butter

Salz

Pfeffer

Rapsöl

Essig

Zucker

Kren

## Zubereitung

Rauner in Backpapier bei 220 °C ca. eine Stunde im Backofen garen. Karotten und Staudensellerie fein hacken oder in mundgerechte Stücke schneiden und in Butter 10 Minuten dünsten, mit Salz und Pfeffer abschmecken. Rauner schälen, in dünne Scheiben schneiden und noch warm auf einen Teller geben. Mit Salz, Rapsöl, Zucker, Essig, Kren und Pfeffer abschmecken, darauf die Karotten- und Selleriewürfel lose verteilen.
Ein wunderbarer warmer Salat und auch optisch ein Genuss.

# SCHREFELS KHICHARI

— von **Christian Schrefel**
Aus: Hans-Heinrich Rhyner/Kerstin Rosenberg, Das große Ayurveda Ernährungsbuch: Gesund leben und genussvoll essen, Königsfurt-Urania Verlag

## Zutaten

**für 4 Personen:**

100 g Basmati-Reis

50 g gelbe Mungobohnen

1 Karotte

½ Fenchelknolle

2 TL Ghee (Butterschmalz)

1 dünne Scheibe frischer Ingwer

1 TL Kreuzkümmelsamen

1 Messerspitze Chili

½ Koriander, gemahlen

½ TL Kurkuma

½ TL Salz

1 TL Zitronensaft

frisches Basilikum

## Zubereitung

Den Reis und die Mungobohnen unter fließendem Wasser waschen. Das Gemüse schälen und in kleine Würfel schneiden. Das Ghee in einem Topf erhitzen und das Gemüse hinzufügen, kurz anrösten. Nun das Gemüse kurz anbraten und die Reis-Dal-Mischung zufügen. Anschließend 500 ml Wasser aufgießen, umrühren und zum Köcheln bringen. Das Salz zufügen und den Khichari im geschlossenen Kochtopf 30 Minuten sanft köcheln lassen. Sobald es anfängt zu kochen, nicht mehr umrühren, sonst wird die Suppe nicht sämig! Sobald die Flüssigkeit weitgehend verkocht ist, mit etwas Zitronensaft abschmecken und frisches Basilikum zufügen.

# WAS BRAUCHT ES FÜR „BESSER ESSEN"?
## — Christian Schrefel

© Christian Schrefel (Privat)

Christian Schrefel ist Präsident der Organisation „Arche Noah".

**1** **Was läuft derzeit schief bei unserer Ernährung?**

Wir essen viel zu viele tierische Produkte. Damit geht ein unverantwortlicher Ressourcenverbrauch einher.

**2** **Was ist notwendig für „Besser Essen"?**

Wir sollten den Fleischkonsum auf festliche Anlässe reduzieren, uns also wieder mehr auf die Vielfalt der pflanzlichen Nahrungsmittel besinnen! Immerhin gibt es über 4.000 genutzte Pflanzenarten auf der Welt – wirtschaftlich bedeutend sind gerade mal hundert.

**3** **Wie versuchst du, das zu leben?**

Im Alltag durch vielseitige großteils vegetarische Ernährung mit Biolebensmitteln aus meiner Region und von dem, was uns der eigene Garten und Weingarten schenken!

**4** **Was wünschst du dir diesbezüglich von der Politik?**

Eine grundlegende Neuausrichtung der europäischen Landwirtschaftspolitik. Den Mut, in Österreich über Alternativen zum Fleischkonsum nachzudenken und zu reden. Bewusstseinsbildung und die Förderung von Alternativen. Ich wünsche mir, dass in 10 Jahren wieder viel mehr Gemüse-, Obst- und Getreidesorten im Handel erhältlich sind. Dazu werde ich auch als Präsident der ARCHE NOAH meinen Beitrag leisten!
Um mehr zu erreichen, unterstützen Sie bitte unsere Kampagne zur Saatgutvielfalt in Europa: www.freievielfalt.at

# RAUNER-CARPACCIO (ROTE-RÜBEN-CARPACCIO)

## Zutaten

**für 4 Personen:**

4 kleine Rauner (Rote Rüben)

Balsamico

Pfeffer

Oliven

Salz

Parmesan

Kren

## Zubereitung

Rauner weich kochen und in dünne Scheiben hobeln. Mit Balsamico, Pfeffer, Oliven und Salz abschmecken. Auf einem Teller verteilen und Parmesansplitter sowie frisch geriebenen Kren darüberstreuen.

---

# GESCHMORTER RAUNER MIT FETA, LAVENDELPOLENTA UND PASTINAKE

— das Lieblingsrezept der „donauwirtinnen" von Chefkoch **Ingo Rietheimer**

## Zutaten

**für 4 Personen:**

4 mittelgroße Rauner (Rote Rüben)

400 g Feta

500 g Polenta

1 l Milch

½ l Gemüsefond

4 kleine Pastinaken

1 kleiner Bund Petersilie

1 g Lavendelblüten

500 g Natursalz

1 Lorbeerblatt

## Zubereitung

Den Ofen auf 200 °C vorheizen, das Salz auf ein Backblech geben, den Rauner auf das Salzbett legen und ca. 2 Stunden im Rohr schmoren, bis er weich ist. Milch und Gemüsefond aufkochen, mit Salz, Pfeffer und Muskat würzen. Lavendelblüten dazugeben und die Polenta einrieseln lassen – etwa eine halbe Stunde bei kleiner Flamme ziehen lassen. Je nach Bedarf noch Flüssigkeit hinzugeben. Vor dem Anrichten einen Teil des Feta (in Würfeln) und gehackte Petersilie hinzugeben. Pastinaken schälen, in Stücke schneiden und in einer Pfanne mit einem Lorbeerblatt anbraten, bis sie eine schöne Farbe bekommen, anschließend mit Gemüsefond oder Wasser ablöschen und dünsten, bis sie weich sind. Rauner aus dem Ofen geben, schälen, in grobe Stücke schneiden und in Butter mit einer Prise Zucker und Salz anschwenken. Beim Anrichten mit den restlichen Fetawürfeln garnieren.

# WAS BRAUCHT ES FÜR „BESSER ESSEN"?
## — Tanja Obernberger & Julia Oswald

© Volker Weibold (OÖN)

Tanja Obernberger und Julia Oswald sind die „donau-wirtinnen" in Linz-Urfahr.

**1** Was läuft derzeit schief bei unserer Ernährung?

Die Beziehung zu den Nahrungsmitteln ist durch deren Industrialisierung verloren ge-gangen. Nahrungsmittel werden in Monokul-turen/Massentierhaltung erzeugt und haben lange Transportwege. Nahrungsmittel werden weit unter ihrem tatsächlichen Wert verkauft, vieles davon landet dann im Müll, der Lobby-ismus von Großkonzernen steuert politische Entscheidungen.

**2** Was ist notwendig für „Besser Essen"?

Nahrungsmittel sind *Lebensmittel!* Daher braucht es: eine wertschätzende Haltung den ProduzentInnen und den Produkten ge-genüber, eine klein strukturierte Lebensmit-telversorgung mit Wochenmärkten, Einkaufs-gemeinschaften, Gastronomiebetrieben und Bioläden, die sich um Saisonalität und Regio-nalität bemühen.

**3** **Wie versucht ihr, das zu leben?**

Wir kennen unsere LieferantInnen und ProduzentInnen und wissen, wie sie mit den Lebensmitteln umgehen und wie viel Liebe und
Mühe sie investieren. Daher gehen auch wir
mit diesen Produkten sorgsam um und sind
bemüht, so wenig wie möglich wegzuwerfen. Das versuchen wir unseren Gästen mit-
zugeben und sie für den Wert dieser Produkte zu sensibilisieren.

**4** **Was wünscht ihr euch diesbezüglich von der Politik?**

Wir wünschen uns von der Politik, dass sie
die wirtschaftlichen Grundvoraussetzungen
schafft bzw. verbessert, um das Entstehen
und Bestehen von sozialen und nachhalti-
gen Betrieben zu unterstützen. Dringendstes
Ziel sollte es sein, die wirtschaftliche Exis-
tenz dieser Betriebe zu ermöglichen und somit eine Versorgung mit Lebensmitteln für
die gesamte Gesellschaft leichter zugänglich und leistbar zu machen. Eine Politik, die
Mut macht, sorgsam und wertschätzend mit
Mensch und Natur umzugehen.

# ERDÄPFELTARTE – EINE HYMNE AN DIE KNOLLE!

## Zutaten

**für 4 Personen:**

Mürbteig

ca. 2 EL Sauerrahm

Salz

Butter

400 g Erdäpfel

200 g Süßkartoffeln

1 Handvoll Kräuter

mit viel Majoran und Thymian

Zitronenschale

Pfeffer

200 g Frischkäse

2 Eier

Muskat

1 daumengroßes Stück Ingwer

## Zubereitung

Als Teig dient der klassische Mürbteig (Rezept siehe S. 23 ). Die gebutterte Backform damit auslegen und für zwei Stunden in den Kühlschrank stellen. Erdäpfel und Süßkartoffeln schälen und in schmale Streifen schneiden, die fein gehackten Kräuter und die fein geriebene Zitronenschale untermischen, den ganz fein gehackten Ingwer beigeben. Mit Salz, Muskat und Pfeffer abschmecken und alles gleichmäßig auf dem Teig verteilen. Abschließend mit einer Mischung aus Frischkäse, Eiern und etwas Sauerrahm bedecken und bei 170 °C ca. 40 Minuten backen.

---

# LEINÖLERDÄPFEL

— das Lieblingsrezept von **Philipp Braun**

## Zutaten

**für 4 Personen:**

750 g Erdäpfel (halb mehlig, sehr gut eignet sich die Sorte Linzer Rose)

Leinöl

Milch

Salz

Muskat

Leinsamen

## Zubereitung

Erdäpfel in Salzwasser kochen. In Scheiben schneiden und in einen Topf mit Milch geben. Die Erdäpfel sollen knapp mit der Flüssigkeit bedeckt sein. Langsam dahinköcheln lassen, bis eine sämige Masse entsteht. Nach Belieben mit Muskat würzen und zum Schluss mit Leinöl und Leinsamen verfeinern.

# ZWIEBELNUDELN

## Zutaten

**für 4 Personen:**

500 g rote Zwiebeln

2 EL Butter

½ Becher Sauerrahm

Muskat

1 Handvoll Basilikum

1 Knoblauchzehe

1 Handvoll geröstete
Haselnüsse

Salz

Pfeffer

500 g Pasta nach Wahl

Hartkäse

## Zubereitung

Die in dünne Ringe geschnittenen Zwiebeln sowie die beiden klein gehackten Knoblauchzehen in Butter 20 bis 30 Minuten bei geringer Temperatur und mit etwas Zucker gewürzt dünsten, immer wieder mit einem Löffel Wasser aufgießen. Im Mörser fein zerriebene geröstete Haselnüsse beigeben und die Masse passieren. Mit Sauerrahm, Muskat, Basilikum, Salz und Pfeffer abschmecken. Pasta nach Wahl al dente kochen, mit der Zwiebelmasse mischen und etwas Hartkäse darüberstreuen.

Dieses Gericht hat nur drei Geschmackslinien – die Kunst und Erfahrung ist, sie optimal aufeinander abzustimmen.

# ZWIEBELRISOTTO

## Zutaten

**für 4 Personen:**

3 große rote Zwiebeln

2 EL Butter

300 g Risottoreis

Salz

Pfeffer

1 l Gemüsebrühe

Butter

Hartkäse

## Zubereitung

Die klein gehackten Zwiebeln in Butter geduldig anschwitzen. Risottoreis beifügen, salzen und nach und nach mit der Gemüsebrühe aufgießen. Unter ständigem Rühren so lange leicht kochen lassen, bis der Reis al dente ist. Zum Schluss mit etwas Butter, Salz, Pfeffer und geriebenem Hartkäse abschmecken.

# WAS BRAUCHT ES FÜR „BESSER ESSEN"?
## — Philipp Braun

© Werner Streitfelder

Philipp Braun ist Obmann von *Slow Food* in Oberösterreich.

**1** **Was läuft derzeit schief bei unserer Ernährung?**

Wir nehmen uns nicht mehr die Zeit zum Einkaufen, zum Kochen und Genießen und hinterfragen auch nicht mehr, woher die Lebensmittel kommen, wann sie Saison haben und wie sie produziert werden, sondern lassen uns oftmals von der Nahrungsmittelindustrie und deren schönen Hochglanzprospekten in die Irre führen. Manche Köche sind nicht mehr in der Lage, einfachste Gerichte selbst zuzubereiten, und greifen vermehrt auf Fertiggerichte zurück.

**2** **Was ist notwendig für „Besser Essen"?**

Sich wieder auf die Saison und Regionalität freuen und die Biodiversität mit allen Sinnen bewusst genießen. Sich mit den Bauern und Bäuerinnen auf Märkten über ihre Arbeit unterhalten und diese gebührend zu schätzen. Und nicht zuletzt in geselliger Runde gemeinsam kochen und das bessere Essen feiern.

### 3 Wie versuchst du, das zu leben?

Mit jedem Bissen entscheide ich mich für die Biodiversität, für den Erhalt von regionalen, bäuerlichen Strukturen, für den authentischen, unverfälschten Geschmack oder aber dagegen. Aus Selbstachtung vor mir und der Mitwelt verzichte ich konsequent auf Nahrungsmittel wie zum Beispiel Garnelen aus Aquakulturen, Hühner aus Massenproduktion oder aber auch Fertig- oder Halbfertigprodukte.

### 4 Was wünschst du dir diesbezüglich von der Politik?

Die Politik muss die Rahmenbedingungen vorgeben, die besseres Essen ermöglichen. Ernährungsmantras, die einseitig sind und nicht einem ganzheitlichen Ansatz entsprechen, sind zu vermeiden; Entscheidungsträger sollen eine Vorbildfunktion ausüben und einen Lebensstil vorleben, der motiviert und begeistert.

# MEINE LIEBLINGS-KRAUTFLECKERL

## Zutaten

**für 4 Personen:**

1 Handvoll brauner Zucker

1 kleine rote Zwiebel

450 g Weißkraut

¼ l Gemüsebrühe

1–2 EL Kümmel

Essig

Salz und Pfeffer

500 g Fleckerlnudeln

## Zubereitung

Den braunen Zucker in Öl karamellisieren, die gehackte rote Zwiebel beigeben und anbraten, das klein geschnittene Weißkraut dazugeben, anbraten und mit einem Viertelliter Gemüsebrühe schrittweise aufgießen. Kümmel beigeben, und, sobald das Kraut al dente ist, mit Essig, Salz und Pfeffer abschmecken. In der Zwischenzeit die Fleckerlnudeln kochen und alles gut vermischen.

---

# „ASIATISCHES" SZEGEDINER GULASCH

— von **Hanni Rützler**

## Zutaten

**für 4 Personen:**

1 große Zwiebel in feine Ringe geschnitten

1 Zitronengras, fein gehackt

1 Knoblauchzehe, fein gehackt

2 Kaffirblätter, in dünne Streifen geschnitten

1 roter Paprika, in Würfel geschnitten

1 Chilischote, fein gehackt

⅓ Dose passierte Paradeiser

¼ l Gemüsebrühe

etwas Kümmel

¼ kg Sauerkraut

⅛ l pürierte rote Paprika

Pfeffer und Salz

3 Löffel Crème fraîche oder Sauerrahm

## Zubereitung

Die Zwiebel in feine Ringe schneiden und anrösten, das Zitronengras und die fein gehackten Knoblauchzehen dazugeben. Danach die Kaffirblätter, den roten Paprika und 1 Chili dazugeben. Dann mit den passierten Paradeisern und der Gemüsebrühe aufgießen, den Kümmel hinzugeben und 20 Minuten kochen lassen. Dann das Sauerkraut und den pürierten roten Paprika dazugeben, mit Pfeffer und Salz abschmecken und noch einmal 10 Minuten köcheln lassen. Mit 3 Löffeln Crème fraîche oder Sauerrahm binden.

Für die nicht vegetarische Variante in den letzten 10 Minuten der Kochzeit zwei Fischfilets (Saibling, Forelle) auf das Gulasch legen und mitdünsten lassen.

**Gut zu wissen:** Dieses Gericht ist eigentlich zufällig entstanden, weil die verwendeten Zutaten gerade in ihrem Kühlschrank waren.

# HEALING RED CURRY

## Zutaten

**für 4 Personen:**

700 g Hühnerfleisch
500 g eingelegte Paradeiser
1 TL gemörserte Koriandersamen
1 TL gemahlener Kreuzkümmel
1 Zimtstange
1 daumengroßer Ingwer
2 Stängel Lemongras
1 EL Currypulver
1 TL Kurkuma
getrockneter roter Chili
(nach Geschmack)
4 gemörserte Nelken
gemörserter Samen von
4 Kardamomkapseln
Salz, Pfeffer
1 Prise Rohrzucker
4 Knoblauchzehen
1 rote Zwiebel
Butterschmalz (Ghee)
2 Tassen Reis

## Zubereitung

Butterschmalz in einer Pfanne erhitzen, Koriander und Kreuzkümmel eine Minute bei kleiner Flamme darin anrösten. Klein gehackte Knoblauchzehen, Zwiebel, Ingwer und Lemongras beigeben, unter starkem Rühren kurz anbraten, eine Prise Rohrzucker zugeben und anschließend alle weiteren Gewürze samt der fein geschnittenen Chilischote unterrühren.

Mit den eingelegten Paradeisern ablöschen, einen Viertelliter Wasser in kleinen Portionen beigeben. Mit Salz und Pfeffer abschmecken, kurz köcheln lassen, in feine Streifen geschnittenes Hühnerfleisch beigeben und eine weitere halbe Stunde köcheln lassen; dabei immer wieder das verdampfende Wasser ersetzen.

Reis kochen, alles mischen und servieren.

**Gut zu wissen:** Wenn im Winter eine Verkühlung oder Schwäche spürbar wird, ist das Red Curry eine wirkungsvolle, heilende Antwort.

# PASTA PRONTO

## Zutaten

**für 4 Personen:**

500 g Spaghetti
1 mittelgroße Zwiebel
2 Knoblauchzehen
wahlweise: Oliven, Kapern,
Sardinen, Paradeiser aus
der Dose
Oregano
frisch geriebener würziger
Hartkäse
Salz und Pfeffer

## Zubereitung

Spaghetti al dente kochen. In der Zwischenzeit Zwiebel und Knoblauch hacken und in einer Pfanne sanft anbraten. Und nun je nach Vorhandensein Diverses aus der Speisekammer klein gehackt beigeben: etwa Oliven und/oder Kapern und/oder Sardinen und/oder Paradeiser aus der Dose und Oregano. Mit Pfeffer, Salz und frisch geriebenem Hartkäse abschmecken und mit den Spaghetti vermengt servieren.

# WAS BRAUCHT ES FÜR „BESSER ESSEN"?

## — Hanni Rützler

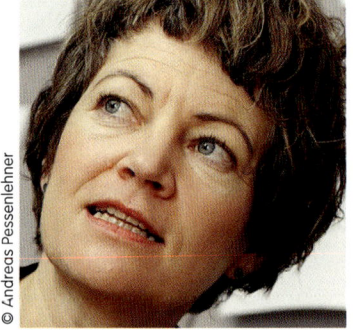

© Andreas Pessenlehner

Hanni Rützler ist Trendforscherin im Bereich Essen und führt unter anderem das „futurefoodstudio" in Wien (www.futurefoodstudio.at).

**1** **Was läuft derzeit schief bei unserer Ernährung?**

Dass wir so viel über Ernährung reden und so wenig übers Essen. Dass Diäten, Nährwerte, Zusatzstoffe, künstliche Aromen, Chlorhühner und der Streit darüber, ob Veganer bessere Menschen oder verbohrte Ideologen sind, den Diskurs bestimmen und nicht Geschmack und die Freude am Selberkochen und „Besser Essen".

**2** **Was ist notwendig für „Besser Essen"?**

Die Genuss- und Differenzierungsfähigkeit. Sie stellen sich allerdings nicht von selbst ein. Jenseits des Konsums exotischer und luxuriöser Lebens- und Genussmittel ist die „Feinschmeckerei" vor allem das Resultat von Wissen und Erfahrung. Genießen will gelernt sein und dazu bedarf es – wie in anderen Lebensbereichen auch – der Bereitschaft, sich Wissen anzueignen, und der Zeit, Erfahrungen zu machen.

**3** **Wie versuchst du, das zu leben?**

Ich habe das Glück, in Wien in der Nähe eines großen Marktes zu arbeiten und zu wohnen, wo am Samstag auch viele Bauern ihre frischen, regionalen und biologischen Produkte verkaufen. Dort einzukaufen ist ein sinnliches und sozial anregendes Erlebnis.

**4** **Was wünschst du dir diesbezüglich von der Politik?**

Von der Politik, aber auch von Unternehmen wünsche ich mir, dass sie jene Rahmenbedingungen schaffen, die es Menschen allgemein leichter machen, besser zu essen. Und da Essen ein uns alle tagtäglich betreffendes Thema ist, sind dafür nicht nur die Landwirtschafts- und Gesundheitspolitik gefragt. Das betrifft auch die Bildungs-, die Wirtschafts- und Sozialpolitik. Und die Unternehmenskultur. Sie alle müssten dem Thema viel mehr Aufmerksamkeit widmen und Essen nicht nur als Kosten- und Zeitfaktor betrachten.

# KÜRBISGNOCCHI MIT SALBEI

## Zutaten

**für 4 Personen:**

600 g Kürbis

300 g Erdäpfel

250 g Mehl

1 Ei

Salz

Muskat

1 Handvoll Pinienkerne

16 Salbeiblätter

Butter

## Zubereitung

Kürbis schälen, entkernen und im Backrohr rund 1 Stunde bei 180 °C weich backen. Erdäpfel kochen und gemeinsam mit dem Kürbis durch die Erdäpfelpresse drücken. Mehl, Salz, Muskat, etwas Butter und das Ei unterrühren und alles zu einem Teig formen und gut durchkneten. Gnocchi in verschiedene Formen und Größen schneiden und im siedenden Salzwasser kochen. Sobald sie an die Oberfläche kommen, herausfischen. Nun Salbeiblätter in Butter schwenken und gemeinsam mit den gerösteten Pinienkernen mit den Gnocchi vermischen.

---

# RISOTTO ROSSO

## Zutaten

**für 4 Personen:**

300 g Risottoreis

1 kg weich gekochte Rote Rüben

½ kg Radicchio

1 Handvoll geriebener Parmesan

1 Handvoll Parmesansplitter

2 EL Kren

½ l Gemüsebrühe

etwas Butter

⅛ l Weißwein

Weinessig

2 EL Obers

1 Handvoll klein gehackter Basilikum

1 Handvoll Kräuter

Kümmel

Pfeffer, Salz

Rapsöl

## Zubereitung

Risottoreis in Butter kurz anbraten, mit Weißwein ablöschen, schrittweise mit Gemüsebrühe aufgießen und mit Butter, Salz und Parmesan abschmecken. Die Hälfte der weich gekochten Roten Rüben pürieren, mit Kren, Kümmel, etwas Essig, Obers und Salz abschmecken und nochmals durchpürieren. Die restlichen Roten Rüben in mundgerechte Stücke zerteilen und kurz in Rapsöl anbraten. Die Rübensauce mit den Rübenstücken vermischen und kurz leicht köcheln lassen. Zum Anrichten das Risotto in die Mitte des Tellers geben, Rübenmischung rundherum verteilen und mit Radicchio und Parmesansplittern dekorieren. Kräuter darübergeben – et voilà!

**Gut zu wissen:** Inspiriert zu diesem Rezept wurde ich durch ein wunderbares Abendessen im Linzer Restaurant „Wirt am Graben".

# PARMESAN-EI AUF BELUGALINSEN

## Zutaten

**für 4 Personen:**

200 g Linsen

2 Schalotten

2 EL Butter

1 kleine Handvoll getrocknete Paradeiser

Thymian

2 Paradeiser

⅛ l Balsamico

¼ l Gemüsebrühe

schwarzer Pfeffer

Zucker, Salz

4 Eier

1 Ei zum Panieren

Parmesanbrösel

1 Lorbeerblatt

Schnittlauch

## Zubereitung

Linsen einen Tag in Wasser einweichen. Schalotten sehr fein würfeln und in geschmolzener Butter dünsten, Thymian und Lorbeerblatt rasch beigeben. Fein gehackte getrocknete Paradeiser beigeben, erhitzen und mit Balsamico ablöschen. Linsen beigeben, köcheln und mit Gemüsebrühe aufgießen. Sobald alles konsistent ist, mit schwarzem Pfeffer, Balsamico, Zucker und Salz abschmecken. Die Eier 4 Minuten kochen und vorsichtig schälen. Anschließend nacheinander in Eiweiß und in Parmesanbröseln vorsichtig wälzen und in Butter leicht anbraten. Die panierten Eier in die Mitte der schwarzen Linsen legen und mit Schnittlauch dekorieren.

**Tipp:** Und morgen aus den übrig gebliebenen Linsen einen Salat zubereiten: Belugalinsen mit Gurken- und Tomatenstückchen, dünnen Emmentaler-Schnitten, Öl und Balsamico mischen. Schmeckt großartig!

# LINSENEINTOPF

## Zutaten

**für 4 Personen:**

300 g braune Linsen

½ weiße Zwiebel

1 Knoblauchzehe

Rapsöl

2 Karotten

1 Selleriestange

1 Lauch

2 EL Paradeisermark

1 Schuss Essig

1 l Gemüsebrühe

1 Handvoll Kräuter

## Zubereitung

Zwiebel und Knoblauchzehe fein hacken und in Öl dünsten. Karotten, Sellerie und Lauch klein hacken und mitköcheln. Linsen beigeben, dazu nach Geschmack etwas Paradeisermark und Essig ergänzen. Mit der Gemüsebrühe aufgießen und 45 Minuten leicht köcheln lassen. Mit gehackten Kräutern abschmecken.

**Gut zu wissen:** Herrlich vom Geschmack, gesund und wunderbar lagerbar: Linsen und Bohnen haben Zukunft in meiner Küche, besonders in Form dieser wunderbaren Linsensuppe.

# COQ-PASTA (PASTA MIT HUHN)

## Zutaten

**für 4 Personen:**

1 Bio-Huhn

Salz und Pfeffer

1 kleine Handvoll getrocknete Paradeiser

Lorbeer

⅛ l Weißwein

¼ kg Paradeiserpassata

Zimt

Estragon

500 g Bandnudeln

## Zubereitung

Ein Bio-Huhn zerteilen, salzen, pfeffern und in Öl anbraten. Klein gehackte getrocknete Paradeiser und Lorbeer beigeben und schmoren lassen. Mit einem Achtel Weißwein aufgießen und Passata, eine starke Prise Zimt sowie nach Geschmack Estragon beigeben. Nun eine Stunde bei kleiner Temperatur köcheln lassen und mit den al dente gekochten Nudeln servieren. Fertig ist mein Weihnachtshuhn.

---

# DAS HENDL UND DER GUTE WEIN

## Zutaten

**für 4 Personen:**

1 Bio-Huhn

Salz und Pfeffer

1 Karotte

1 Zwiebel

Schale einer Bio-Mandarine

1 Knoblauchzehe

1 kleine Handvoll klein gehackte getrocknete Paradeiser

½ l Rotwein

etwas Mehl zum Bestäuben

½ kg Champignons

## Zubereitung

Das Hendl zerteilen, salzen, pfeffern und gemeinsam mit einer gehackten Karotte, einer gehackten Zwiebel, einigen Stücken Mandarinenschale und einer gehackten Knoblauchzehe über Nacht in Rotwein einlegen. Am nächsten Tag die Hendlstücke herausnehmen, mit Mehl bestäuben und in Öl von allen Seiten schön anbraten. Die getrockneten Paradeiser dazugeben und mit der Marinade ablöschen. Nun alles eine Stunde köcheln lassen. Die nicht zu klein geschnittenen Champignons fünf Minuten in einer Pfanne in Butter braten, zum Hendl geben und leicht weiterkochen, bis die Konsistenz passt.

**Gut zu wissen:** Diese sehr vereinfachte Form des berühmten Coq au vin ist im Gegensatz zum Original recht unkompliziert zuzubereiten und schmeckt dennoch köstlich.

# WINTERHENDL SUBITO

## Zutaten

**für 4 Personen:**

Hendlreste vom Vortag

1 weiße Zwiebel

300 g Reis

½ l Gemüsebrühe

etwas Ribisel- oder Preiselbeermarmelade

½ Becher Sauerrahm

## Zubereitung

Eine gehackte weiße Zwiebel in Öl anbraten, Hendlreste dazulegen und anbraten. Reis kurz mitbraten, einen halben Liter Gemüsebrühe eingießen und so lange köcheln lassen, bis der Reis gar ist. Nun einen Löffel Ribisel- oder Preiselbeermarmelade mit einem Löffel Sauerrahm verrühren und in den Reis einziehen. Abschmecken, fertig.

---

# FASAN FÜR DAS FESTESSEN

## Zutaten

**für 4 Personen:**

2 kleine oder 1 großer
Fasan (700 g)

¼ l Weißwein

½ kg Zwiebeln

1 Stangensellerie

1 kleine Handvoll getrocknete
Paradeiser

Petersilie

Salz und Pfeffer

Olivenöl

## Zubereitung

Fasan zunächst in vier Teile zerlegen und in Rapsöl anbraten, bis er Farbe bekommt. Nun mit einem Viertel Weißwein ablöschen und ohne Temperatur ausköcheln lassen. Ein halbes Kilo fein gehackten weißen oder roten Zwiebel, fein gehackte getrocknete Paradeiser, eine fein geschnittene Stange Sellerie und eine große Handvoll fein gehackte Petersilie in Olivenöl weich köcheln und pürieren. Fasanenstücke dazugeben, mit Salz und Pfeffer abschmecken und so lange köcheln lassen, bis der Fasan schön durch ist. Falls nötig, den einen oder anderen Löffel Wasser zugeben.

**Gut zu wissen:** Wild ist eine typische Festtagsspeise. Der Fasan, von Jägern in der Region erlegt, ist für mich etwas sehr Seltenes und Besonderes und wird entsprechend wertgeschätzt. Fasan harmoniert besonders gut mit Zwiebeln und davon erhält er bei diesem italienischen Gericht reichlich.

# WAS BRAUCHT ES FÜR „BESSER ESSEN"?

## — Georg Friedl

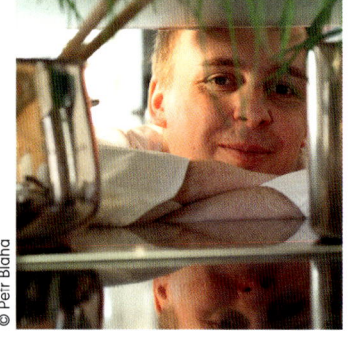

© Petr Blaha

Georg Friedl ist Chef und Koch des Restaurants „Salzamt" in Linz (www.muehlvierteln.at).

**1** **Was läuft derzeit schief bei unserer Ernährung?**

Einerseits gibt es wenig Bewusstsein für saisonales Obst und Gemüse und wirklich regionale Lebensmittel, andererseits kein Grundwissen über diese Lebensmittel und vor allem kein Wissen, diese schmackhaft zuzubereiten. Gemeinsames Essen oder Kochen als sozialer Treffpunkt fällt in der Familie fast gänzlich weg. Die Mutter oder der Vater geben kein Kochwissen mehr weiter. Ein weiteres Problem: undurchschaubare und teilweise irreführende Bezeichnungen auf den Lebensmittelverpackungen.

**2** **Was ist notwendig für „Besser Essen"?**

Grundkenntnisse der saisonal vorhandenen Lebensmittel und die schmackhafte und richtige Zubereitung dieser. Der Wille, für sich oder die Familie frisch zu kochen und den Mehrwert solchen Essens zu erkennen. Nicht

„Geiz ist geil" – möglichst viel um möglichst wenig Geld –, sondern „Weniger ist mehr" – höhere Qualität kaufen, dafür weniger wegwerfen. Bessere Fleischqualität statt Massenzucht, hochwertig produziertes, daher haltbareres Brot anstatt „frisch" aufgebackenes Brot im Vorteilspack.

 **Wie versuchst du, das zu leben?**

Ich persönlich tue mir leicht, weil ich in der glücklichen Lage bin, das Wissen um qualitätsvolle Lebensmittel zu haben, und auf ein bäuerliches Lieferantennetzwerk zurückgreifen kann. Zudem ist Kochen meine Beru-

fung. Kochen ist für mich die Liebe zur Natur, zu den Geschmäckern und Aromen. Die unbändige Lust, mit Lebensmitteln liebevoll umzugehen.

 **Was wünschst du dir diesbezüglich von der Politik?**

Schon von klein auf, also vorerst in Kindergärten, später in Schulen und Horten, wäre es wünschenswert, wenn es eine stärkere Bewusstseinsbildung in Richtung Lebensmitteln gäbe. Aktives, spielerisches Schmecken, Geschmacksworkshops, gemeinsames Kochen und Essen als soziale Elemente.

# MÜHLVIERTLER APFELZWECKERL

— von **Georg Friedl**

## Zutaten

**für 4 Personen:**

250 g glattes Mehl

1 Ei

2 cl Leinöl

⅛ l Wasser

4 säuerliche Äpfel

32 g Rohrzucker

15 g Butter

Anis

Hagelzucker

Goldmelisse

Minze

## Zubereitung

Ei, Mehl, Öl und Wasser zu einem glatten, geschmeidigen Teig verarbeiten und ca. 1 Stunde zugedeckt rasten lassen. Einen Topf mit heißem Wasser aufsetzen. Den Teig zu einer 1 cm breiten Rolle formen bzw. schleudern (sonst zieht sich der Teig wieder zusammen) und ca. 5 mm breite Stücke abstechen bzw. abzwicken (daher „Zweckerl"). In sprudelndem Wasser kochen, bis die Zweckerl an der Oberfläche schwimmen. Währenddessen die Äpfel schälen, entkernen und in 1 cm große Würfel oder in Spalten schneiden. Zucker in einer größeren Pfanne karamellisieren. Butter, Äpfel und Anis zugeben und ca. 3 Minuten dünsten lassen, bis sich das Karamell aufgelöst und sich mit dem Butter und dem entstandenen Apfelsaft verbunden hat. Dann alles auf ein Drittel einkochen. Die Äpfel sollen jedoch nicht zerfallen. Die Zweckerl über einem Sieb abtropfen lassen, sofort zu den Äpfeln in die Pfanne geben, vorsichtig untermischen und durchschwenken. Die Zweckerl mit Hagelzucker bestreuen, mit Goldmelisse und Minze garnieren und servieren.

## Tipps:

• Zweckerl lassen sich „roh" gut einfrieren und nach Bedarf frisch einkochen.

• Gekochte Zweckerl können auch für Salate verarbeitet werden.

• Pikant lassen sich die Zweckerl mit sämtlichem Gemüse, Kräutern oder Käse zu variantenreichen Gerichten weiterverarbeiten.

# APFELKUCHEN WIE ANNO DAZUMAL

— von **Barbara van Melle**

## Zutaten

**für 4 Personen:**

100 g Kristallzucker

200 g Butter

300 g Mehl

1 Ei

1 Pkg. Vanillezucker

1 Prise Salz

Bio-Zitronen-Abgeriebenes

2 kg Äpfel (unbedingt saure, Boskop, Renetten, Topaz)

15 dag Rohrzucker

1 TL gemahlener Zimt

etwas Zitronensaft

## Zubereitung

Das Backrohr auf 180 °C vorheizen. Apfel schälen und in feine Blättchen schneiden. In einer Schüssel mit Rohrzucker, gemahlenem Zimt und Zitronensaft vermischen. In einer Rührschüssel Mehl und Zucker mit einer Prise Salz und Vanillezucker mischen, 1 Ei hineinschlagen und die kalte, in kleine Stückchen geschnittene Butter dazugeben. Jetzt alles schnell mit den Händen zu einem glatten Teig verkneten. Wirklich schnell kneten, denn wenn die Butter nicht weich wird, kann der Teig gleich weiterverarbeitet werden und muss nicht im Kühlschrank ruhen. Dort wird er meist nur so hart, dass er sich nicht mehr ausrollen lässt. Mehl großzügig auf einer Arbeitsplatte verteilen. Den Teig in zwei Teile schneiden. Den ersten Teil ausrollen, dabei auch die Oberseite des Teigs bemehlen, damit das Nudelholz nicht kleben bleibt. Auf ein mit Backpapier belegtes Backblech geben, Äpfel darauf verteilen. Verbliebenen Teig ausrollen, Äpfel damit bedecken. Im Rohr rund 40 Minuten backen. Nach Geschmack mit etwas Staubzucker bestreuen.

**Tipp:** Die Torte schmeckt mit wirklich guten, am besten alten Apfelsorten besonders lecker.

# FLOWER-POWER-MOHNTORTE

— von **Johannes Gutmann**

## Zutaten

**für eine 25-cm-Tortenform:**

6 Eier

200 g geriebener Graumohn

100 g geriebene Mandeln

50 g geriebene Schokolade

80 g Roh-Rohrzucker

100 g Staubzucker

250 g weiche Butter

1 EL Vanillezucker

Schale einer Orange und
einer halben Zitrone

1 Prise Ayurvedisches
Zaubersalz, fein

Schwarze-Johannisbeere-
Fruchtaufstrich

**Glasur:**

250 g Staubzucker

2 EL Wasser

2 EL Zitronensaft

1 EL Flower-Power-Gewürz-
Blüten-Zubereitung

## Zubereitung

Eier in Dotter und Klar trennen, Mohn mit Mandeln und Schokolade vermengen. Butter mit Staubzucker, einer Prise Salz, Vanillezucker, Orangen- und Zitronenschale schaumig rühren. Dotter nach und nach einmengen und die Masse gut schaumig rühren. Eiklar mit Roh-Rohrzucker zu cremigem Schnee schlagen und abwechselnd mit der Mohn-Mandel-Schoko-Mischung unter die Buttermasse heben. Masse in eine befettete, bemehlte Springform füllen, bei 160 °C ca. 50 Min. backen. Nach dem Auskühlen aus der Form lösen und auf einen Teller stürzen. Fruchtaufstrich pürieren, durch ein Sieb drücken, erwärmen und die Torte auf der Oberseite und rundherum dünn damit bestreichen. Für die Glasur Zutaten zu einer glatten, dickflüssigen Masse verrühren. Flower-Power-Gewürz-Blüten-Zubereitung einmengen und die Torte glasieren.

# WAS BRAUCHT ES FÜR „BESSER ESSEN"?

## — Johannes Gutmann

© Sonnentor

Johannes Gutmann ist Geschäftsführer der Firma „Sonnentor" (www.sonnentor.com).

**1** Was läuft derzeit schief bei unserer Ernährung?

Ganz viele Menschen haben leider noch nicht verstanden, dass wir im Vergleich zu vegetarischer Ernährung siebenmal so viel Kohlehydrate einsetzen, um ein Kilo konventionelles Fleisch, das zum Großteil auf unwürdiger Tierhaltung beruht, zu „produzieren"! Wenn wir weniger Fleisch essen würden, ein- bis maximal zweimal in der Woche, würde das nicht nur unserer Gesundheit, sondern auch dem Weltklima guttun.

**2** Was ist notwendig für „Besser Essen"?

Weniger Fleisch, keine gezuckerten Getränke, bestes österreichisches Leitungswasser, keine Zwischenmahlzeiten, alle vier Stunden zu essen genügt, und am Abend ab 19.00 Uhr ist Schluss mit der täglichen Völlerei, dazwischen viel Bewegung machen.

**Wie versuchst du, das zu leben?**

Ich stehe täglich nach meinen fünf Minuten Morgensport auf, dusche kurz kalt und trinke rund einen halben Liter warmes Wasser. Dann frühstücke ich mit meiner lieben Familie mit Vollkornbrot, Butter, Marmelade, SONNENTOR-Tee oder Kaffee, am Wochenende mit einem weichen Ei. Ich möchte wissen, von wo meine Bio-Lebensmittel herkommen, und weiß es in der Regel auch, das gibt wirklich ein sehr gutes Gefühl!

 **Was wünschst du dir diesbezüglich von der Politik?**

Ich wünsche mir, dass endlich das Verursacherprinzip in die Gesetze einfließt. Das heißt, wer verdreckt, der muss über höhere Steuern zur Kasse gebeten werden. Dass Betriebe, die Gemeinwohl vorleben und messbar machen, steuerlich begünstigt werden, und andere, die verschleiern und intransparent arbeiten, mehr Steuern bezahlen. Fairness muss endlich in jedem Bereich gelebt werden und einfließen. Wir sitzen alle in einem Boot!

# OBERNBERGSTOLLEN

## Zutaten

**für 4 Personen:**

400 g Nougat

250 g Milchschokolade

200 g dunkle Schokolade

¼ kg geriebene Haselnüsse

200 g zerriebene Kekse oder Biskotten

200 g weiße Schokolade

## Zubereitung

Nougat, Milchschokolade und dunkle Schokolade über einem Wasserbad verrühren. Geröstete geriebene Haselnüsse und zerriebene alte Kekse oder Biskotten unterrühren. Alles in eine gut gefettete Terrinenform eindrücken, einige Stunden kühlen und dann aus der Terrine kippen. Eine Schokoglasur nach Geschmack erstellen: zum Beispiel mit 200 g weißer Schokolade, die über dem Wasserbad weich gerührt wird. Diese über den Stollen gießen – entweder als künstlerische Verzierung oder als vollständige Glasur. Nochmals kalt stellen und fertig ist eine wundervolle Weihnachtsnascherei.

**Gut zu wissen:** Als ich im Herbst 2012 für mehrere Monate krank wurde, beschäftigte ich mich sehr stark mit dem Experimentieren mit Mehlspeisen. Daraus ist dieser wirklich ungesunde, aber bekömmliche Stollen geworden, der den Namen der Ortschaft trägt, in der ich wohne. Er eignet sich wunderbar als Weihnachtsüberraschung.

# MEINE MOHNZELTEN

## Zutaten

**für 4 Personen:**

entweder einen klassischen Erdäpfelteig verwenden

**oder aber:**

500 g Mehl

300 g gekochte Erdäpfel

80 g Zucker

¼ kg Butter

2 Eier

8 g Backpulver

**Für die Fülle:**

200 g Mohn, Zimt

1 Handvoll Rosinen fein gehackt

⅛ Obers, Nussgeist

geriebene Schale einer halben Bio-Zitrone

## Zubereitung

Entweder einen klassischen Erdäpfelteig (siehe S. 22) zubereiten oder aber Mehl, gepresste Erdäpfel und Butter etwas salzen und die Hälfte des Obers sowie die Eier beigeben und gut verkneten. Den Teig nicht zu dünn ausrollen und als Fülle Mohn mit zerlassener Butter, Rosinen, Zitronenschale, Schuss Nussgeist und Zucker sowie etwas Zimt kurz anbraten und jeweils zwei EL mit Teig umfassen und Zelten formen. Bei 200 °C im Rohr backen, bis die Mehlspeise auf beiden Seiten goldbraun ist.

# WAS BRAUCHT ES FÜR „BESSER ESSEN"?

## — Barbara van Melle

© Inge Prader

Barbara van Melle ist Journalistin, begeisterte Köchin und engagiert sich für *Slow Food Wien*.

**1** **Was läuft derzeit schief bei unserer Ernährung?**

Leider sehr vieles. Allein wenn man bedenkt, dass Übergewicht oder Diabetes (sogar im Kindesalter) zu den brisantesten Gesundheitsthemen der Zukunft zählen, wird klar, dass dringender Handlungsbedarf besteht. Auch wenn Kochbücher und Kochsendungen im TV boomen, geht das Kochen im Alltag verloren. Dabei ist Kochen eine der wichtigsten Fertigkeiten des Lebens, eine Überlebensfertigkeit. Nur wer kochen kann, kann sich und seine Familie gesund und vor allem genussvoll ernähren.

**2** **Was ist notwendig für „Besser Essen"?**

Wer besser essen will, darf nicht nur den Preis der Lebensmittel sehen, sondern muss ihren Wert erkennen. Slow Food sieht KonsumentInnen als Co-ProduzentInnen. Menschen, die hinter die Produktion ihrer Lebensmittel blicken wollen und dadurch verstehen lernen, dass Genuss sehr viel mit Verantwortung zu tun hat. Dass es besser ist, seltener Fleisch, aber dafür hochwertiges Fleisch zu essen – von Tieren, die artgerecht und respektvoll gehalten werden. „Besser Essen" heißt auch, die Wurzeln des Geschmacks wiederfinden, und das ist eine sehr lustvolle Aufgabe.

**3** **Wie versuchst du, das zu leben?**

Mir ist es ein Anliegen, ehrlich und authentisch zu sein, d. h. ich lebe meine Überzeugungen im Alltag. Dazu gehört der Einkauf – ich bin eine wirklich kritische Konsumentin, darf ein großartiges Netzwerk von ProduzentInnen zu meinem Freundeskreis zählen und koche als Mutter von vier Kindern täglich für meine Familie. Deshalb sage ich aus Überzeugung, dass es möglich ist, neben beruflichen Verpflichtungen aus einigen saisonalen Grundzutaten in 30 Minuten ein wirklich großartiges Essen auf den Tisch zu stellen.

**4** **Was wünschst du dir diesbezüglich von der Politik?**

So viel wie vom Christkind. Denn wenn man sich so manche politische Entscheidung ansieht, kann man den Glauben an den Willen zur Veränderung verlieren. Ich wünsche mir, dass die Politik weitblickender wird und ernsthaften Willen zeigt, die komplexe Problematik anzugehen. Stichwort Sortenvielfalt: Hier brauchen wir Entscheidungen, die den Erhalt der Biodiversität sichern. Stichwort Ernährung: Hier sollte man in Kindergärten und Schulen ansetzen, um den Kindern zu vermitteln, wie wichtig unsere Ernährung ist. Schulgartenprojekte, Sensorikschulungen, Kochgruppen, wirklich gute Schulverpflegung – all das sollte endlich großflächig gefördert und unterstützt und nicht nur engagierten EinzelkämpferInnen überlassen werden.

# SO BRINGT UNS DIE ESSENSINDUSTRIE UM DEN GESCHMACK

**C**hips sind ein raffiniertes Kunstprodukt, das dazu verleiten soll, möglichst oft möglichst viel davon zu essen. Da ist zum Beispiel der ‚Bruchpunkt', eine ganze Wissenschaft für sich. Lebensmittelkonzerne haben herausgefunden, dass die meisten Konsumentinnen und Konsumenten es mögen, wenn Chips bei einem Druck von 276 Millibar brechen. So macht das Krachen am meisten Spaß – und verlangt nach sofortiger Wiederholung. Auch dass die Chips beim Kauen gleich zusammenfallen und verschwinden, ist Kalkül: Wenn etwas schnell auf der Zunge zergeht, glaubt man, dass es kaum Kalorien enthält. So knabbert man weiter, bis die Packung leer ist. Und dann sind da natürlich die Stoffe, die als Köder für das Gehirn dienen:

- Eine kräftige Portion Salz in der Beschichtung aktiviert das neuronale Belohnungszentrum. Die Dosis, die den maximalen Kick verschafft, nennen die Hersteller ‚bliss point', Glückspunkt.
- Stärke, eine Form von Zucker, die den Blutzuckerspiegel hochschnellen und rasch wieder sinken lässt, verstärkt den Appetit noch.
- Hinzu kommt schließlich das Fett, mit dem die Chips durchtränkt sind: Es verschafft das angenehm samtige Gefühl im Mund."

Mit dieser Analyse unserer Ernährungswirklichkeit begann das deutsche Nachrichtenmagazin *Der Spiegel* 2013 seine Titelreportage „Die Menschen-Mäster". Und ließ dazu eine beliebte Chipssorte analysieren. Das Ergebnis: 35 Prozent Fett, 3,8 Prozent Zucker und 1,5 Prozent Salz waren wesentliche Inhaltsstoffe. Mit dem Dickmacher Nr. 1 – manche 100-g-Packung versorgt uns mit 550 Kilokalorien – werden fette Geschäfte gemacht: Der Jahresumsatz mit Chips liegt in den USA bei 10 Milliarden, in Europa bei 5 Milliarden – mit stark steigender Tendenz.

„Mit vielfach hohen Zugaben von Zucker, Salz und Fett macht die Essensindustrie ihre Produkte attraktiver und die Kundinnen und Kunden abhängig." Das ist der zentrale Schluss des Aufdecker-Buches des US-Autors Michael Moss: „Salt Sugar Fat – How the Food Giants Hooked Us."

## Zucker ist ein Gewürz, kein normales Lebensmittel

Der Zuckerkonsum hat sich weltweit in den vergangenen 50 Jahren verdreifacht und liegt heute bei rund 165 Millionen Tonnen pro Jahr. Parallel zum Zuckerkonsum nahm eine Reihe von Erkrankungen zu: etwa Diabetes 2. In Australien (62 kg/Jahr/Einwohner) ist der Zuckerverbrauch am höchsten, gefolgt von den USA (58 kg). Europäerinnen und Europäer liegen mit 37 kg klar darunter, aber immer noch doppelt über jenem Wert, den Ernährungswissenschaftlerinnen und -wissenschaftler empfehlen. 83 Prozent des Zuckers verstecken sich in Fertigware. Drei Vierteln der in den USA bearbeiteten Lebensmittel wird Zucker zugesetzt, der durchschnittliche US-Bürger konsumiert pro Tag umgerechnet 20 Teelöffel Zucker, 30 % davon allein durch Softdrinks.

„Der Spiegel" hat auch den Müsliriegel eines Marktführers analysieren lassen und ist dabei auf einen Zuckerwert von 35,2 Prozent gestoßen. Wir wissen: Je mehr Zucker wir essen, desto mehr Zucker wollen wir. Der Zusammenhang zwischen Industriezucker und durch Ernährung mitbedingten Krankheiten gilt als unbestritten. Zucker findet sich auf den Zutatenlisten unter vielen Bezeichnungen, unter fast allem, was mit „-ose" oder „-sirup" endet. Fruktose gilt als Appetitanreger.

Das beliebte Kinderessen aus Fertigpizza und Cola bringt häufig schon eine Überschreitung des Tagesgrenzwertes bei Zucker und Salz. Durchschnittliche Esserinnen und Esser eines Fertigproduktes nehmen 80 Prozent des von uns konsumierten Zuckers zu sich. Fast drei Viertel der Fertigprodukte sind mit Zucker aufgepeppt. 20 Teelöffel Zucker in einem Glas Wasser – unbekömmlich! Und doch ist es die durchschnittliche Zuckerration, die Bürgerinnen und Bürger in Industrieländern konsumieren. Höchstens 5 % unserer Nahrung sollten wir laut WHO als Zucker konsumieren – im Durchschnitt vertilgen wir viermal mehr.

## Salz

Salz ist der zweite Köder in vielen Produkten. Nur 10 Prozent unseres Salzverbrauchs kommen aus dem Salzstreuer, der große Rest aus Mikrowellengerichten, Chips, Brot und Crackern. Auch zu viel Salz hat klare negative gesundheitliche Auswirkungen – etwa auf einen überhöhten Blutdruck. Die New Yorker Fotografin Sally Davies verwirklichte ein anschauliches Kunstexperiment mit einem 2010 im Fast-Food-Lokal gekauften Hamburger. Sie fotografierte ihn sechs Monate lang und dokumentierte dabei, dass es zu keinem Schimmelbildungsprozess kam. Vermutete Ursache: der hohe Salzgehalt.

## Fett

Der dritte Köder und Geschmacksträger ist schließlich Fett. Die vermutlich zentrale Zielgruppe der Essensindustrie sind Kinder. „Foodwatch" hat jene Produkte in deutschen Supermärkten analysiert, die sich hauptsächlich an Kids richten: In 73 Prozent der Fälle handelte es sich um süße oder fettige Snacks, von denen Kinder nicht mehr als eine Handvoll täglich konsumieren sollten. Ein Viertel der Kinder in Europa leidet unter Übergewicht: mehr Bewegung, aber auch weniger Zucker, weniger weißes Mehl und weniger Fett wären die Antworten auf dieses Problem. Wir wissen: Bereits in der Kindheit wird der Geschmack geprägt, Ernährungsgewohnheiten verfestigen sich und lassen sich oft über Jahrzehnte nur mühevoll wieder verändern.

Die Köder Zucker, Salz und Fett sind auf Verpackungen zwar ausgewiesen, aber klein und unübersichtlich. Besser wäre, wie in Großbritannien, eine einfache Ausweisung durch eine Ampel, die klar und einfach Bedenklichkeit oder Unbedenklichkeit signalisiert. 2010 wurde sie in der EU nach umfangreicher Lobbyarbeit der Lebensmittelindustrie abgelehnt.

# Aromastoffe

137 kg aromatisierte Lebensmittel nimmt jede deutsche Bürgerin und jeder deutsche Bürger im Durchschnitt zu sich. Mehr als die Hälfte unseres Essens wird heute künstlich aromatisiert. Alleine in der EU sorgen jedes Jahr 170.000 Tonnen, zum Gutteil künstliche Aromastoffe für zusätzlichen Geschmack. Mehr als die Hälfte unseres Essens ist heute aromatisiert. Wir unterscheiden dabei zwischen „natürlichen Aromastoffen" und „künstlichen Aromastoffen". Erstere können pflanzlichen oder tierischen Ursprungs sein; sie können wie Hefe aber auch aus dem mikrobiologischen Bereich kommen. Sie sind um ein Vielfaches teurer als künstliche Aromastoffe, die im Labor hergestellt werden. Das klingt einfach, ist aber in Wirklichkeit eine große Täuschung der Konsumentinnen und Konsumenten, wie das Beispiel Erdbeeren zeigt: die Bezeichnung „Erdbeeraroma" sagt nichts darüber aus, ob Erdbeeren in diesem Produkt enthalten sind. Das Aroma kann chemisch hergestellt sein. Die zweite Kennzeichnungsoption lautet „natürliches Aroma". In diesem Fall ist das Produkt natürlich, es müssen jedoch auch hier keine Erdbeeren enthalten sein. Meist wird der Erdbeergeschmack durch pflanzliche oder tierische Stoffe sowie Bakterien oder Hefe geschaffen. Die dritte Kennzeichnungsoption schließlich lautet „natürliches Erdbeeraroma". In diesem Fall muss der Geschmack zu mindestens 95 Prozent aus richtigen Erdbeeren entstanden sein. Alles eine Frage des Preises: Naturidentes Aroma für die Herstellung von Himbeerjoghurt kostet rund 6 Cent, mit frischen Himbeeren denselben Geschmackseffekt auszulösen, würde mehr als 31 Euro kosten. Wie verwirrend für Konsumentinnen und Konsumenten die Kennzeichnung bei den Aromen ist, zeigt auch das Beispiel Vanille: „Natürliches Vanillearoma" muss zu mindestens 95 Prozent aus Vanilleschoten stammen. „Natürliches Aroma" dagegen muss zwar aus natürlichen Quellen stammen, aber eben nicht unbedingt aus einem Lebensmittel. Denn Vanillearoma stammt meist aus Lignin (Holz) und damit aus Zellwänden. Steht hingegen nur „Aroma" auf der Verpackung, ist es meist chemisch hergestellt worden. Vanillin wird weltweit am häufigsten eingesetzt: Rund 15.000 Tonnen werden jährlich verarbeitet, über 90 Prozent aus synthetischen Quellen.

Die fast 2.700 verwendeten Aromastoffe, mit denen jährlich weltweit über 10 Milliarden Dollar Umsatz gemacht wird, sind nur ein Teil von Zusatzstoffen, die von der Lebensmittelindustrie eingesetzt werden: Farbstoffe sollen Produkte attraktiver aussehen lassen, Konservierungsstoffe, Stabilisatoren, Emulgatoren, Verdickungsmittel, Süßstoffe und Geschmacksverstärker wie etwa Glutamat, das im Verdacht steht, den Appetit der Konsumenten anzukurbeln. 1,5 Millionen Tonnen Mononatriumglutamat werden weltweit pro Jahr genossen – vor allem via Fertiggerichten. Kritiker sprechen von einem Masteffekt und verweisen auf die Entwicklung zu immer mehr Fettleibigkeit parallel zur Zunahme des globalen Fertigessens.

# „BESSER ESSEN" BEGINNT BEI DEN KINDERN

Erinnern Sie sich noch an die Veränderung der Abfallwirtschaft vor 20 Jahren: Damals waren es vor allem die Jugendlichen, die „Trennen und Sammeln" aus der Schule als Thema nach Hause gebracht und im Haushalt nachhaltig verankert haben.

Auch die notwendige Ernährungswende wird bei den vielfach hauptbetroffenen Jugendlichen ansetzen müssen. Geschmack wird in der Kindheit geprägt. Aktuell sieht die Ernährungssituation vieler Jugendlicher nicht sehr rosig aus. Vielfach Junk, ein Drittel der österreichischen Schulkinder erhält kein Frühstück, fast ein Viertel ist übergewichtig oder fettleibig, es fehlt vielfach an Ausbildung und positivem Angebot in der Schule. Was braucht es für die Ernährungswende bei den Jugendlichen?

## Erlernen

Ein Unterrichtsfach „Essenskultur" muss Jugendliche für den wichtigsten Teil des Lebens vorbereiten, unter anderem Kochen, Ernährungskonzepte und Konsumentenschutz vermitteln. In Großbritannien wurde dies bereits fixiert, in Deutschland wird es seit Jahren diskutiert, in Frankreich werden Schulprojekte mit Spitzenköchen geplant, in der Türkei und in den USA gibt es Kochunterricht in Fachschulen.

## Handeln

In Zukunft muss das Arbeiten mit Gemüse im Schulgarten wieder Normalität sein.

## Essen

Schulküchen, Schulbuffets und Getränkeautomaten müssen sich an modernem Ernährungswissen orientieren. Dutzende großartige Projekte zeigen, dass dies möglich ist, funktioniert und Spaß macht. Bio, saisonale und regionale Lebensmittel und weg von Junk und dem „Kochen mit der Schere" müssen politische Vorgaben sein, die nicht an Mehrkosten scheitern dürfen.

## Information

Das Kindermenü „Tiefkühlpizza und Cola" sprengt den Grenzwert für den Tageskonsum von Salz und Zucker im Alleingang. Hier wird oft der Grundstein für das Übergewicht gelegt.

## Transparenz

Was verbirgt sich hinter den bunten Fantasienamen auf dem Kinderteil der Speisekarte?

## Unterstützung

Ein Drittel der 6- bis 14-Jährigen frühstückt laut Gesundheitsministerium nicht zu Hause. Gesundes Frühstück und gesunde Jause sind ein Grundrecht von jedem Jugendlichen.

## Praxis

Österreichweite Initiative mit Restaurantbesitzern: die andere Speisekarte für Kids. Beim Symposium „Anständig Essen 2014" formulierten Expertinnen und Experten in Bad Hofgastein ein breites Menü von Forderungen an die Politik für die notwendige Ernährungswende bei den Jugendlichen.

# HÖCHSTE ZEIT FÜR DIE ERNÄHRUNGS- WENDE IN KONSUM UND POLITIK

**E**s ist schon erstaunlich: Ernährung ist bisher – abgesehen von einzelnen Skandalen – kaum ein zentrales Thema in der Politik. Obwohl doch nur wenige Themen politischer und wichtiger sind – für unser Leben, unsere Umwelt, unsere Gesellschaft. Was wir essen, woraus unser Essen besteht, wer unser Essen erzeugt, welche Auswirkungen die Produktion hat – das sind hochpolitische und für unser Leben, unsere Lebensqualität und diesen Planeten entscheidende Fragen. Die Erzeugung und Verarbeitung von Lebensmitteln prägt die Welt. Sie entscheidet wesentlich darüber, ob die Klimakrise gebremst werden kann, sauberes Trinkwasser erhalten bleibt, die Böden funktionsfähig sind. Die Wirtschaftskreisläufe bei Erzeugung und Handel von Lebensmitteln sind hauptverantwortlich für Arbeitsplätze, die Zukunft ländlicher Strukturen, für ein faires Lohnniveau. Würde ein Gutteil unserer Ausgaben für Ernährung nicht in die Kassen der globalen Lebensmittelindustrie abfließen, sondern in der Region, bei kleinen Strukturen und umweltverträglichen Produkten bleiben, dann würde diese Welt völlig anders aussehen. So können wir die Welt verändern!

Was wir essen, bestimmt unsere Gesellschaft und unsere Gesundheit. „Die Spur jener chronischen Krankheiten, die heute die meisten von uns umbringen, lässt sich direkt auf die Industrialisierung unserer Nahrung zurückführen", schreibt US-Autor Michael Pollan. Und die Weltgesundheitsorganisation WHO hat in einer Studie 2014 aufgezeigt: je weniger politische Regeln und je wirtschaftsliberaler ein Land, desto größer ist der Zulauf zu Fast Food und desto übergewichtiger ist die Bevölkerung. Der Mediziner Roberto De Vogli von der University of

California, Hauptautor der Studie, fasst das Fazit der Studie daher so zusammen: „Wenn die Regierungen keine Schritte unternehmen, um ihre Lebensmittelwirtschaft zu regulieren, wird die unsichtbare Hand des Marktes weiterhin Fettleibigkeit produzieren – mit desaströsen Folgen für die öffentliche Gesundheit und wirtschaftliche Produktivität in der Zukunft."

In den vergangenen Jahrzehnten wurde die globale Essensindustrie auch zur politischen Macht. Sie sorgt für dreistellige Milliardenumsätze alleine in Europa, pumpt jährlich über 40 Milliarden Dollar in die Werbung, beeinflusst unseren Geschmack, hat ganz offensichtlich großen Einfluss auf maßgebliche Teile der Politik erworben, veränderte in einem enormen Tempo die Kultur unseres Essens und die Struktur unser Landwirtschaft und Wirtschaft, trägt wesentlich zur gegenwärtig dramatischen Lage der bäuerlichen Landwirtschaft und zu den negativen Auswirkungen auf die Gesundheit von Mensch und Natur bei. – Und will immer mehr.

Jetzt regt sich Widerstand, das Unbehagen an der globalen EssUNkultur wächst. Engagierte Landwirtinnen und Landwirte schließen sich mit Konsumentinnen und Konsumenten zusammen, eine neue Kochkultur ist im Entstehen, ein Umdenken beginnt, Fehlentwicklungen werden hinterfragt. Viele Tausende arbeiten an einer neuen Kultur und Politik des Essens.

Doch es braucht mehr – es braucht konsequente Maßnahmen von Politik und Konsumentinnen und Konsumenten:

- Unser Essen muss zu einem wichtigen politischen Thema werden.
- Essen, die Lebensmittel, das Kochen, der Verbraucherschutz müssen zentrale Themen in unseren Kindergärten und Schulen werden – möglichst durch ein eigenes Unterrichtsfach „Esskultur". Denn es geht um Kultur. Nicht zufällig leitet sich das Wort vom lateinischen „colere" ab, dem Anbauen und Pflegen von Pflanzen zur Nahrungsmittelerzeugung.
- Der Werbelawine der globalen Lebensmittelindustrie muss viel mehr Aufklärung und Information gegenübergestellt werden.
- Der Bioanteil unserer Landwirtschaft kann aufgrund des hohen Interesses der Betroffenen rasch verdoppelt werden – wenn auch mittelfristig planbare und berechenbare attraktive Umstellungsförderungen verankert werden. Die Regierungen können und müssen den Einkauf öffentlicher Küchen auf bio, regional, saisonal und fair trade, also auf „Besser Essen", umstellen.
- Die Politik muss dafür sorgen, dass die bäuerliche Landwirtschaft mit allen Vorteilen einer kleinen Struktur erhalten bleibt. Gentechnik muss daher weiterhin konsequent tabu bleiben. Nach der Forderung der von Oberösterreich gegründeten „Allianz der Regionen" muss die EU rasch ein vollständiges Selbstbestimmungsrecht in Sachen GVO verankern. Das geplante „Transatlantische Freihandelssystem" darf den Agrar- und Ernährungsbereich nicht negativ beeinflussen. Und eine weitere Einengung der Artenvielfalt durch eine neue Saatgutverordnung darf nicht zugelassen werden.
- Die EU braucht eine lückenlose Herkunftskennzeichnung, klare Gütezeichen und ein einfaches Ampelsystem zur besseren Transparenz für die Konsumentinnen und Konsumenten. Mogelpackungen aller Art, die Konsumentinnen und Konsumenten gezielt täuschen, müssen untersagt werden. Bei der größten Kennzeichnungslücke – bei den verarbeiteten Lebensmitteln – muss in der gesamten EU eine lückenlose Herkunftskennzeichnung vor-

geschrieben werden. Und auch eine lückenlose Kennzeichnung der Verwendung tierischer Zutaten muss europaweit verankert werden.

- Die Politik muss wirkungsvolle Schritte gegen Lebensmittelverschwendung setzen, wie ein Aus für Mengenlockangebote, ein Aus für Handelsklassen, die vielen Waren aufgrund ihrer optischen Besonderheiten vom Marktzugang ausschließen, sowie eine verbesserte Information der Verbraucherinnen und Verbraucher.

- Die Politik muss direkte Allianzen von Verbraucherinnen und Verbrauchern sowie von Produzentinnen und Produzenten und selbst organisierte dezentrale Wirtschaftseinheiten unterstützen.

- Wir Konsumentinnen und Konsumenten wählen in Zukunft bei unserem Konsumverhalten bewusst regionale, saisonale, biologische, fair gehandelte und Tiere schonende Lebensmittel aus und nützen unsere Macht als bewusste Konsumentinnen und Konsumenten. Wir verzichten auf Fleisch aus industrieller Massentierhaltung. Wir unterstützen Vielfalt und kleine Strukturen, kaufen nichts ein, dessen Herkunft wir nicht kennen. Wir machen unseren Blick frei, lüften den Schleier und schauen hin! Wir nützen die Freiheit, uns zu entscheiden.

- Wir beginnen selbst in ersten Schritten Gemüse anzubauen oder kaufen möglichst direkt möglichst unverarbeitete Ware ein.

- Wir geben unserem Essen wieder einen Wert, kochen selbst und machen Essen zu einem politischen Thema. Damit es immer mehr „Besser Essen" gibt, das mit Genuss die Welt verändert.

## Die große politische Entscheidung über unsere Esskultur

Ob die Entwicklung weiter in Richtung der Interessen der Mega-Konzerne der Essensindustrie geht oder sich die neue Bewegung der Vielfalt, des Geschmacks und einer fairen Landwirtschaft immer stärker durchsetzen kann, wird vom Konsumverhalten der Bürgerinnen und Bürger wesentlich mitbestimmt. Ganz wesentlich ist diese Weichenstellung aber eine politische Entscheidung, die in den nächsten Jahren von der EU getroffen wird.

Da geht es zunächst um die Frage des Einsatzes der Gentechnologie in der Landwirtschaft. Bürgerbewegungen in Europa haben viel erreicht und das Ziel der Multis, eine flächendeckende Aussaat in der EU, weitgehend gestoppt. Oberösterreich hat bereits 2003 unmittelbar nach meinem Regierungseintritt eine europaweite „Allianz der Regionen" für ein Selbstbestimmungsrecht der Regionen beim Einsatz von gentechnisch veränderten Organismen (GVO) gestartet, die heute von 65 Regionen, EU-Parlament und EU-Kommission unterstützt wird. Kommt 2014 auch noch die entscheidende Zustimmung durch den EU-Ministerrat – diese hängt wesentlich an großen Mitgliedsstaaten wie Deutschland –, dann hat sich die Bürgerbewegung erstmals in einer Schlüsselfrage der Esskultur durchgesetzt.
Die zweite Weichenstellung ist die Saatgutverordnung. In der EU wird aktuell über neue Regeln der Registrierung, Zertifizierung und Vermarktung von Saatgut verhandelt. Setzen sich die Interessen der Essensindustrie durch, dann würde dies eine weitere Verarmung der genetischen Vielfalt in der Landwirtschaft und Exklusivrechte einiger weniger großer multinationaler Saatgutfirmen bringen.
Die dritte – historische – Weichenstellung sind die aktuellen Verhandlungen über eine „Transatlantische Handels- und Investitionspartnerschaft" (TTIP) zwischen EU und USA. Im Rahmen der TTIP sollen Handelshemmnisse aller Art abgebaut werden: Handelsbeschränkungen liberalisieren, Regulierungen „hinter nationalen Grenzen" abschaffen, in Verträge zwischen Staaten Gewährleistungen einschließen, die Auslandsinvestoren vor staatlichen Eingriffen oder Gewinnverlusten bewahren. US-Konzerne haben es längst kommuniziert: Ganz oben auf der Interessenliste stehen Vorsorgeregelungen der EU zu Gesundheit und Umwelt, der Einsatz der Gentechnik in der Landwirtschaft und Einsatzverbote von bestimmten Wachstumshormonen und Chemikalien im Bereich der Lebensmittelindustrie. Aus Sicht der Essensmultis müssen Einflussnahme und Regeln durch Staaten und damit die Politik weiter verringert werden.
Das Kernziel lautet jedoch „Investitionsschutz". Dies bedeutet, in Verträge zwischen Staaten Gewährleistungen zu verankern, die Auslandsinvestoren vor staatlichen Eingriffen oder Gewinnverlusten bewahrt. Was dies bewirken kann, zeigt folgender Fall: Die Regierung Mexikos hatte ein Importverbot für Maissirup mit besonders hohem Zuckergehalt verankert und wurde deshalb von drei US-Konzernen unter Berufung auf das Nordamerikanische Freihandelsübereinkommen verklagt. Das Schiedsgericht verurteilte Mexiko zu einer Entschädigung von 169,18 Millionen Dollar an die klagenden Firmen. Urteilsbegründung war keine Prüfung der Gesundheitsauswirkungen des Produkts, sondern eine „unfaire" Beeinträchtigung der erwarteten Gewinne der Investoren.

Diese kurze Beschreibung zeigt schon, dass es um eine Richtungsentscheidung für unsere Esskultur, für unsere Landwirtschaft, für Millionen von Bürgerinnen und Bürgern geht. Eine Entscheidung, die derzeit weitgehend hinter geschlossenen Türen verhandelt wird. Die Mindestforderung lautet daher: Der Agrar- und Lebensmittelbereich muss aus den TTIP-Verhandlungen ausgenommen, die gesamten Verhandlungen müssen transparent gemacht werden.

Wir sind die EU. Also müssen wir die Grundsatzentscheidungen über die Esskultur in unsere Hände nehmen.

# DIE ANTREIBER DER ERNÄHRUNGS- WENDE

**W**ir sind schon ganz schön viele, es ist eine breite Bürgerbewegung entstanden, die bei der Erzeugung, dem Einkauf und beim Kochen auf eine neue Essenskultur achtet. Über 700.000 Menschen ernähren sich in Österreich vegetarisch oder vegan, Hunderttausende leben als Flexitarierinnen und Flexitarier, immer mehr achten auf einen verantwortungsvollen Konsum. Und einige besonders wichtige Vorreiterinnen und Vorreiter treiben die Ernährungswende voran:

### „Slow Food" – Vorreiter der Essensrevolution

Die Organisation „Slow Food" (www.slowfood.com) sieht sich als Gegenbewegung zum globalen Einheits-Fast-Food. Gegründet im piemontesischen Bra von Carlo Petrini setzt sie sich für bewusst genussvolles, regionales Essen ein: „buona, pulito e giusto" (gut, sauber, gerecht). Jährlich werden Fachmessen veranstaltet, unter anderem der „Salone del Gusto" in Turin. In Österreich ist die Organisation unter www.slowfoodaustria.at erreichbar und mittlerweile auch regional stark verankert (z. B. www.slowfoodlinz.at).

### Versorger-Verbraucher-Netzwerke

Sie haben sich die direkte Kooperation und das Stärken sozial und ökologisch wertvoller Betriebe und Produkte zum Ziel gesetzt. „Jeder ausgegebene Euro soll regional, biologisch, sozial und tierfreundlich" wirken. Nach einem ersten Laden in Steyr sind mittlerweile ein Dutzend Netzwerke in Österreich entstanden (www.netswerk.at). Ein Beispiel ist das Projekt Güterwege in Kirchdorf, das über ein Vorbestellungs- und Abholsystem Verbraucherinnen und Verbrauchern nachhaltige Güter des täglichen Bedarfs, vorwiegend Lebensmittel, anbietet. Diese entsprechen biologischen Kriterien, sind tierfreundlich produziert, fair bezahlt und möglichst regional aus der nahen Umgebung. Einfache Bestellung unter www.gueterwege.at, Abholung der Bestellung jeweils am Freitag im Laden.

## AMAP: Konsumenten und Produzenten übernehmen gemeinsam Verantwortung

In Frankreich wächst seit mehr als zehn Jahren eine Initiative, die sich „Verein zum Erhalt der kleinbäuerlichen Landwirtschaft" (AMAP) nennt. Eine AMAP besteht aus einer Gruppe von Verbraucherinnen und Verbrauchern und einem oder mehreren Erzeugerinnen und Erzeugern. Zu Beginn der Saison kauft jede Verbraucherin und jeder Verbraucher einen Teil der Produktion, der anschließend periodisch und zu einem festen Preis geliefert wird. Die Erzeugerinnen und Erzeuger verpflichten sich mit diesem Vertrag, hochwertige Produkte zu liefern, die im Einklang mit der Charta der bäuerlichen Landwirtschaft produziert wurden. So entsteht für die Produzentinnen und Produzenten Sicherheit durch Abnahme zu fairen Preisen und die Verbraucherinnen und Verbraucher werden zu Akteuren. Sie knüpfen bei Besuchen am Hof Kontakte, gestalten gemeinsame Aktivitäten, beteiligen sich an Festen, Märkten und Diskussionsabenden. Mittlerweile arbeiten in Frankreich 2.000 AMAPs, durch die 5.000 Bauernhöfe 60.000 Privathaushalte versorgen. Ganz ähnlich funktioniert solidarische Landwirtschaft seit wenigen Jahren auch in Österreich. Etwa seit 2011 am Gärtnerhof Ochsenherz in Niederösterreich, wo die Betreiber der Landwirtschaft mit rund 200 Konsumentinnen und Konsumenten einen Verein zur Förderung solidarischer Landwirtschaft gegründet haben. Sehr präzise beschrieben sind diese CSA-Modelle (Community Supported Agriculture) auf www.biohof-mogg.at.

## Bio-Direktlieferung durch die Biokiste

Ein Beispiel aus Oberösterreich: Der Biohof Achleitner (www.biohof.at) hat im Eferdinger Becken bereits lange Tradition. Sein zentrales Erfolgsprojekt ist die „Biokiste", mit der der Biohof täglich mit 13 eigenen Bussen Konsumentinnen und Konsumenten mit frischer Bioware beliefert. Die Biokisten sind in zehn verschiedenen Varianten bestellbar und individuell gestaltbar. Bis Sonntag kann jeweils das Sortiment nachjustiert werden – auch mit dem Ziel, Lebensmittelverschwendung möglichst zu vermeiden.

## Lebensmittelservice mit Rezepten

Wer mit dem Kochen beginnen will, aber Anleitungen und Rezepte braucht, kann bei www.kochabo.at und anderen (Easykochen, Kochbox, HelloFresh, Dein Einkaufssackerl ...) Rezepte samt Zutaten bestellen.

## Die Biobäuerinnen und Biobauern

Österreichs größte Organisation der Biolandwirte ist die „Bio Austria" (www.bio-austria.at).
In ihr sind mit 13.000 Mitgliedern rund 70 Prozent der österreichischen Biobäuerinnen und
-bauern zusammengeschlossen, die einen Gesamtumsatz von 300 Millionen Euro erwirt-
schaften. Bio Austria versucht engagiert, die Interessen der Biolandwirtschaft auch in der Politik zu vertreten, die Bio-Landwirtschaft zu stärken und weiter auszubauen. In Deutschland
sind dies Organisationen wie Bioland und Naturland.
Zusätzlich zu erwähnen sind die „Demeter", die biologisch-dynamische Landwirtschaft leben
und seit Jahrzehnten starke Akzente setzen.

## Die Vielfalter

„Arche Noah" (www.arche-noah.at) ist als gemeinnütziger Verein seit über 20 Jahren für den
Erhalt, die Verbreitung und Entwicklung von vom Aussterben bedrohten Kulturpflanzensorten
aktiv. Unter anderem durch viel Informationsarbeit, durch Schaugärten, durch ein Bildungs-
programm für engagierte Gärtnerinnen und Gärtner – und solche, die es werden wollen,
sowie durch den Verkauf von Sortenraritäten. Politisches Kernthema: die EU-Saatgutverordnung. Internetversand von Samen und 120 Pflanzenraritäten: www.shop.arche-noah.at.

## Spitzenköchinnen und Spitzenköche als Vorreiter

Freunde des Genusses und des Kochens finden auf www.kochcampus.at viel Inspiration:
Sieben Spitzenköche setzen Initiativen, z. B. Tischkärtchen „Freiheit für die Vielfalt".

## Die Trendforscherin

Hanni Rützler betreibt in Wien das „futurefoodstudio" und gilt in ganz Europa als Fachexper-
tin für die Zukunftstrends bei der Ernährung (www.futurefoodstudio.at). 2014 hat sie erstmals den „Foodreport" (www.lebensmittelzeitung.net) veröffentlicht, der viele Positivbeispie-
le der neuen Essenswelt beinhaltet und die zentralen Trends unter anderem so zusammen-
fasst: „Die Top-Gastronomie macht es vor, die Mittelklasse und die Systemgastronomie ziehen nach: Gemüse wird zum neuen Star auf den Tellern …"

## Erfrischend und erhellend für die Esskultur

Die Journalistin Katharina Seiser verblüfft auf www.esskultur.at mit Ideen, Rezepten und Tipps
für eine neue Esskultur. Das stiftet an, fördert unsere Bereitschaft zum kreativen Kochen, zum
Erproben. Beispielhaft Seisers Selbstversuch „Wie schmeckt vegan essen?", der realistisch zum
Umstieg einlädt.

## Wein aus gesunder Natur

Immer mehr Winzerinnen und Winzer stellen in Europa auf biodynamischen Weinbau um. Ein Vorkämpfer dafür ist „Delinat" (www.delinat.com), das, 1980 in der Schweiz gegründet, mittlerweile 250 Weine aus den besten Lagen Europas im Versand führt, Weinreisen und Weinverkostungen anbietet und auch Winzerinnen und Winzer bei der Umstellung auf Wein aus gesunder Natur unterstützt. Ein Prozent des Gesamtumsatzes geht in die Delinat-Stiftung, die sich die Weiterentwicklung der Biodiversität im Weinbau zum Ziel gesetzt hat. Natürlich gibt es auch regional immer mehr hervorragende Bioweinhändler (etwa: www.derbiowein.at oder www.biologisch.at oder www.zillinger.at u. v. a. m.).

## Österreichs neue Biobiere

Auch beim Bier boomt Bio, fast jede größere Brauerei hat mittlerweile ein Bio-Produkt im Sortiment. Einige setzen allerdings ausschließlich auf Bio: etwa das Brauhaus Gusswerk aus Salzburg (www.mybier.at) und mein persönlicher Favorit, die Biobrauerei Neufelden im Mühlviertel.

## Die Kontrollore

- „Foodwatch" – die Essensretter (www.Foodwatch.de): Seit 2002 hat sich „Foodwatch" zum Feindbild der Essensindustrie und zum einflussreichen Sprachrohr der Verbraucherinnen und Verbraucher entwickelt.
- Verein KonsumentInneninformation VKI (www.konsument.at): Bietet unter anderem mit dem vielbeachteten Magazin „Der Konsument" professionelle Beratung der Konsumentinnen und Konsumenten.
- Der KonsumentInnenschutz der Arbeiterkammer: engagierte Beratung und medienwirksame Tests.
- Die Kontrolle der Lebensmittelsicherheit: in Österreich durch Gesundheitsministerium, Ages und die kompetenten Lebensmittelkontrollore und -kontrollorinnen der Bundesländer.

## Gutes Finden: das Wegweiser-App zu guten Produkten

Für engagierte Konsumentinnen und Konsumenten liegt nun eine neue Brücke am Weg zu guten Produkten vor. Mit der App „Gutes Finden – Besser leben mit guten Produkten" des Oö. Umweltressorts lassen sich einfach die Wege zu den Produkten der engagierten Direktvermarkter von Bio-Lebensmitteln finden, aber auch zu nachhaltiger Kleidung und Möbeln, vegetarischen/veganen/regionalen/fairen Bio-Restaurants, Cafés und Übernachtungsmöglichkeiten u. v. m.

## Spitzenköche und Medien werden zu Vorreiterinnen und Vorreitern

Ob Jamie Oliver, Starköchinnen und Starköche aus Österreich, Deutschland, Italien oder der in London zum Kultkoch aufgestiegene Yotam Ottolenghi: prominente Köchinnen und Köche prägen europaweit eine neue Essenskultur. Ottolenghi etwa mit einer stark mediterran und orientalisch geprägten, hauptsächlich vegetarischen Küche. Seine Grundregel: keine Tiefkühl- oder Fertigprodukte, alles wird selbst gemacht, die neue Kultur des Genusses ist das Thema.

Ob die ORF-Nachlese, Jamie Olivers Kochillustrierte „Jamie Magazin", das Servus-Magazin, Klaus Kamolz im profil, Severin Corti im *Standard,* Johann Lafer im *Kurier,* Heidi Strobl in der *Kurier Freizeit,* Karin Schnegdar in der *Kronen Zeitung,* Peter Hirsch und nun Philipp Braun in den *OÖN,* Martina Hohenlohe im Gault Millau, Herbert Hacker in *Falstaff* und *Format,* Florian Holzer in *Falter* und *Kurier,* Kristin Pelzl-Scheruga in *Madonna,* Kochsendungen in ORF, LT1, ATV, Servus TV und auf Puls 4, Sarah Wiener und Tim Mälzer, das Kochquartett im Magazin der *Süddeutschen Zeitung* und viele andere: Sie alle leisten seit Jahren tolle Bildungs- und Motivationsarbeit und haben zur Trendwende und zum neuen positiven Image von Kochen enorm beigetragen. Auch in diesem Buch ist das eine oder andere Rezept dieser Vorreiterinnen und Vorreiter enthalten, das mein Kochrepertoire erweitert und mich inspiriert hat.

„Besser Essen" ist ein Rezept für eine bessere Welt: „Alle, die im Bereich des Essens ‚politisch' sein wollen, in dem Sinne, dass sie die vorherrschenden Geschmacksgewohnheiten zu ihrem eigenen Wohle und zum Wohle anderer ändern wollen, können das Glück nutzen und genießen, dafür nichts weiter tun zu müssen, als möglichst gut zu essen. Kein Wunder, dass immer mehr Menschen sich diesen politischen Hedonismus aneignen. Indem sie dies tun, kämpfen sie für eine bessere Politik des Essens und ermöglichen die gesellschaftlichen Bedingungen, damit sich unsere Welt politisch, ökonomisch und kulturell zu einem besseren Ort verändern kann." (Harald Lemke, Gastrosoph)

## DESSERT
# DANKE!

**B**edanken möchte ich mich vor allem für die vielen inspirierenden Rezepte, die ich in den letzten Jahren kennengelernt habe: Bei den genannten Autorinnen und Autoren oder etwa bei Yotam Ottolenghi, dem Spezialisten für vegetarische Küche mit höchster Geschmacksvielfalt, durch dessen Bücher ich viele Ideen erhalten, übernommen und weiterentwickelt habe. Bei vielen Köchinnen und Köchen wie etwa Sarah Wiener. Bei den Köchen Markus Fuchs und Bernhard Preslmayer, die mich beim Kochen der für dieses Buch von Julia Grandegger fotografierten Speisen mehr als unterstützt haben. Bei Menschen, die mit Achtsamkeit Lebensmittel bearbeiten – wie etwa dem Bäcker Helmut Gragger. Bei Philipp Braun von „Slow Food", der ein engagierter Impulsgeber in der Region ist. Bei vielen Bäuerinnen und Bauern, die trotz schwieriger Bedingungen mit Engagement eine verantwortungsvolle Landwirtschaft leben. Bei jenen 21 Fachexpertinnen und -experten, die mit ihren Gastbeiträgen und Lieblingsrezepten dieses Buch bereichern. Bei meinem MitarbeiterInnenteam, dem die Ernährungswende ein großes Anliegen ist – Veronika, Sarah, Birgit, Tina und allen voran Romana, ohne die es dieses Buch nicht geben würde. Und ganz besonders bei meiner Lebenspartnerin Petra, die mich Schritt für Schritt in den Olymp des Kochens eingeführt hat.

# EMPFEHLUNGEN ZUM WEITERLESEN

## Bücher

Alles für die Vorratskammer – Natürlich. Praktisch. Selbst gemacht; Löwenzahn Verlag

Joest Becker: Maria Luisa kann nicht anders – von Platterbsen, weißen Trüffeln und einer Messerspitze Wahnsinn; Volk Verlag

Carlo Bernasconi, Marlisa Szwillus: Italia – ein Spaziergang durch die Jahreszeitenküche; Kosmos

Larissa Bertonasco: La nonna – La cucina – La vita – Die wunderbaren Rezepte meiner Großmutter; Gerstenberg

Dagmar von Cramm: Das Grüne Kochbuch; Gräfe und Unzer Verlag

Die Umweltberatung (Hrsg.): Wilde Sachen zum Selbermachen – Rezepte und Gartentipps für Kräuter und Wildfrüchte (Broschüre)

Henry Dimbleby und John Vincent: Leon – Natürlich Fast Food; Dumont

Ursula Ferrigno: Vegitalia; Haeckel

Georg Friedl: Mühlviertler Küche; Verlag Bibliothek der Provinz

greenpeace magazin: Alles zu seiner Zeit – Ein Saisonkalender für Obst und Gemüse

Andrea Heistinger, Arche Noah: Handbuch Bio-Gemüse – Sortenvielfalt für den eigenen Garten; Löwenzahn Verlag

Patrik Jaros, Günther Beer: Das Nichts-Wegwerfen-Kochbuch. Kochen mit Resten; Parragon

Jugend im Bund für Umwelt und Kulturschutz (Hrsg.): Das Klima Kochbuch – Klimafreundlich einkaufen, kochen und genießen; Kosmos

Tessa Kiros: Venedig – Kochen für alle Sinne; Dorling Kindersley

Stefan Kreutzberger/Valentin Thurn: Die Essensvernichter – Warum die Hälfte aller Lebensmittel im Müll landet und wer dafür verantwortlich ist; Verlag Kiepenheuer & Witsch

Gabriele Kunkel: Ein italienischer Sommer; Gräfe und Unzer Verlag

Jörg Lamla: Verbraucherdemokratie – Politische Soziologie der Konsumgesellschaft; suhrkamp taschenbuch wissenschaft

Silvia Maritsch-Rager: Neues aus der Gemüseküche; Pichler Verlag

Rosa Mitchell: Mama Rosas Sizilianisches Kochbuch; Collection Rolf Heyne

Karl Newedel: Verführerisch gut Vegetarisch; Bassermann

Arneo Nizzoli: Der Kürbis – Überlieferte Rezepte aus italienischen Küchen; Könemann

Yotam Ottolenghi: Genussvoll vegetarisch – mediterran, orientalisch, raffiniert; Verlag Dorling Kindersley

Yotam Ottolenghi: Ottolenghi. Das Kochbuch; Verlag Dorling Kindersley

Ingrid Pernkopf: Resteküche – köstlich, günstig, nachhaltig; Pichler Verlag

Ingrid Pernkopf: Süßes zur Weihnachtszeit; Pichler Verlag

Ingrid Pernkopf, Willi Haider: Die Vorratskammer – Die 450 besten Rezepte vom Einlegen bis zum Räuchern; Pichler Verlag

Fredl Pointner: Das Gelbe Krokodil Kochbuch; Eigenverlag

Michael Pollan: Essen Sie nichts, was Ihre Großmutter nicht als Essen erkannt hätte; Kunstmann Verlag

Johann Reisinger u. a. (Hrsg.): Küche – Lebensmittel und Qualität; Trauner Verlag

Tom Riederer: Nur der Idiot wirft's weg; Pichler Verlag

Irena Rosc, Armin Thurnher: Thurnher auf Rezept; Falter Verlag

Hans-Heinrich Rhyner, Kerstin Rosenberg: Das große Ayurveda Ernährungsbuch – Gesund leben und genussvoll essen; Königstein-Urania Verlag

Jonathan Safran Foer: Tiere Essen; Fischer Taschenbuch Verlag

Celine Stehen und Toni Marie Newman: Vegan kochen – So klappt die Umstellung; Verlag Dorling Kindersley

Süddeutsche Magazin: Das Kochquartett – Vierzig Rezepte von vier Spitzenköchen

Claudia und Tonino Verro-Francalanci: Piemont – Traditionelle Rezepte aus dem Herzen des Piemont; AT-Verlag

Toni Vianello: Risotto; Christian Verlag

Melanie Wenzel: Meine besten Heilpflanzen-Rezepte – Für eine gesunde Familie; Gräfe und Unzer Verlag

Sarah Wiener: Zukunftsmenü – Warum wir die Welt nur mit Genuss retten können; Riemann

Usch von der Winden: Wilde Beeren, Früchte und Wurzeln; Edition Fackelträger

Usch von der Winden: Wildkräuter und Blüten; Edition Fackelträger

Ute Woltron: Warum schmecken Maulbeeren am besten nackt? Selbstgemachte Köstlichkeiten aus Natur und Garten; Brandstätter Verlag

Manuela Zardo und Jakob Brandis: Bacari in Venezia – Vom Essen und Trinken in Venedig; Hugendubel

Manuela Zardo, Hellmuth Zwecker: Trattorie del Chianti – Ländliche Küche der toskanischen Hügellandschaft; Hugendubel

## Magazine

Magazin der *Süddeutschen Zeitung* – „Das Kochquartett"

Magazin der *Zeit* – „ZEITmagazin"

ORF-Nachlese

Servus-Magazin

Jamie Olivers Kochillustrierte „Jamie Magazin"

Spannende Tipps und Rezepte finden sich aber u. a. auch in: *Kurier Freizeit, Krone bunt, Madonna, OÖN, Standard Rondo, Profil, Falter* sowie den Firmenmagazinen verschiedener Handelsketten wie „frisch gekocht". Ein besonderer Tipp schließlich sind die Rezepte und Hintergrundinformationen im „Bio Magazin".

## Links

www.arche-noah.at
www.bio-austria.at
www.biofleisch.biz
www.biohof.at
www.biohof-mogg.at
www.daserste.de/dieessensretter
www.delinat.com
www.eatwithme.net
www.energiesparverband.at
www.esskultur.at
www.fleischfreitag.at
www.foodwatch.de
www.freievielfalt.at
www.futurefoodstudio.at
www.greenpeace.at
www.gruenberg.at
www.gueterwege.at
www.herzlichkochen.at
www.kig.org
www.kochabo.at
www.konsument.at
www.lebensmittelzeitung.net
www.mitkochen.at

www.muehlvierteln.at
www.mybier.at
www.myfoodsharing.at
www.netzwerk.at
www.ottolenghi.co.uk
www.restaurantday.org
www.schwemmland.net
www.slowfood.com
www.slowfoodaustria.at
www.slowfoodlinz.at
www.slowfood-styria.com
www.sonnentor.at
www.tastethewaste.de
www.thetasteofheimat.de
www.thurnfilm.de
www.umweltberatung.at
www.urbanfarm.at
www.utewoltron.at
www.vegan.at
www.vegetarier.at
www.vielfalt.com
www.wwf.at

# REZEPTINDEX

**Bildnachweis**

Alle Fotos Julia Grandegger, außer

Andreas Balon: S. 63, 139

Brigitte Baldrian/picturedesk.com: S. 64/65

Büro Landesrat Rudi Anschober: S. 57

Fotolia: S. 21, 26–27 (Brenessel, Mohn), 56

Sonnentor: S. 181

iStockphoto.com: S. 25–27 (Kürbis, Rote Rüben, Spargel, Mangold), 53

Styriabooks/Peter Barci: S. 4, 24–27, 93, 95, 96

Rezept S. 154 aus „Das große Ayurveda-Ernährungsbuch" (ISBN 978-3-908652-16-8): Mit freundlicher Genehmigung des Königsfurt-Urania Verlag © 2003 AGMüller Urania, CH-Neuhausen/2008 Königsfurt-Urania Verlag, D-Krummwisch. www.koenigsfurt-urania.com

Autor und Verlag bedanken sich für die Unterstützung der Fotoproduktion für die Rezeptfotos bei:

HAKA Küchenstudio Traun

sowie bei Markus Fuchs
und Bernhard Preslmayer

ISBN 978-3-7012-0125-9

Bücher aus der Verlagsgruppe Styria
gibt es in jeder Buchhandlung und im Online-Shop

Medieninhaber Land OÖ
Herausgeber Amt der OÖ Landesregierung,
Büro Landesrat Anschober
Kontaktdaten: Büro Landesrat Rudi Anschober,
Promenade 37, 4021 Linz
Redaktion Landesrat Rudi Anschober
DVR: 0069264

LEKTORAT: Elisabeth Wagner
UMSCHLAG- UND BUCHGESTALTUNG: Maria Schuster
in Zusammenarbeit mit Sandra Berchthold und Felicitas Prokopetz
COVERFOTO: Julia Grandegger

DRUCK UND BINDUNG: Druckerei Theiss GmbH,
St. Stefan im Lavanttal
7 6 5 4 3 2 1
Printed in Austria